邓恩铭

中共一大代表丛书

张业赏　丁龙嘉——

著

中共党史出版社

图书在版编目（CIP）数据

邓恩铭 / 张业赏，丁龙嘉著．-- 北京 ：中共党史
出版社，2024.1
（中共一大代表丛书）
ISBN 978-7-5098-5546-1

Ⅰ．①邓…　Ⅱ．①张…　②丁…　Ⅲ．①邓恩铭
（1901-1931）一传记　Ⅳ．① K827=6

中国版本图书馆 CIP 数据核字（2020）第 178239 号

书　　名：邓恩铭
作　　者：张业赏　丁龙嘉

出版发行：中共党史出版社
责任编辑：孙　璐
社　　址：北京市海淀区芙蓉里南街 6 号院 1 号楼　邮编：100080
网　　址：www.dscbs.com
经　　销：新华书店
印　　刷：天津鑫旭阳印刷有限公司
开　　本：710mm×1000mm　1/16
字　　数：180 千字
印　　张：13.5
版　　次：2024 年 1 月第 1 版
印　　次：2024 年 1 月第 1 次印刷
书　　号：ISBN　978-7-5098-5546-1
定　　价：56.00 元

此书如有印装质量问题，请联系中共党史出版社读者服务部　电话：010-83072535

出版说明

《中共一大代表丛书》经原中共中央党史研究室审定，于 1997 年由河北人民出版社推出第一版，时任中共中央党史研究室副主任郑惠和全国中共党史学会副会长、北京师范大学教授张静如担任主编。该丛书收录了参加中共一大的代表传记，这些代表是：上海的李达、李汉俊，北京的张国焘、刘仁静，长沙的毛泽东、何叔衡，武汉的董必武、陈潭秋，济南的王尽美、邓恩铭，广州的陈公博，旅日的周佛海；包惠僧受陈独秀派遣出席了会议。丛书中《毛泽东》《张国焘》《刘仁静》等 9 位传主的传记是当时国内出版的第一本完整的传记（分别是 45 万字到 20 万字不等）。丛书面世 20 多年来，在社会上产生了较大的反响，赢得众多读者的广泛关注和好评。令人痛惜的是，丛书的两位主编已经分别于 2003 年和 2016 年仙逝。中国共产党已走过百年奋斗历程，历经辗转，我们分别和各册传主的作者或家属取得联系，请他们对书稿内容进行充实、文字进行完善、史实进行校订，由中共党史出版社再版发行。

丛书能够再版，要特别致敬郑惠和张静如两位老先生，也衷心感谢丛书的副主编张树军、萧寒、肖功柄。并感谢为丛书出版付出过辛苦努力的河北人民出版社马千海、荆彦周等同人。

中共党史出版社

2024 年 1 月

总　序

古老的东方有一条龙，她的名字叫中国。她有过自己的辉煌。

然而，当世界之舟驶入近代港湾时，这条巨龙却喘息着落伍了。

20 世纪初的中国，内忧外患，满目疮痍。无数觉醒的中国人以各种方式，探寻着救亡图存的道路。

当时间老人迈着沉重的步子，蹒跚地走进 20 世纪 20 年代的时候，一件开天辟地的伟大事件悄悄地降临了。

1921 年 7 月，13 位年龄不一、口音不同、装束各异的年轻人，肩负着全国 50 多名党员的重托，在上海秘密聚会，宣告了中国共产党的诞生。从此，在古老落后的中国大地上，出现了完全新式的、以马克思列宁主义为行动指南的、统一的和唯一的无产阶级政党。

这次被命名为中国共产党第一次全国代表大会的历史性聚会，是在反动统治的白色恐怖下秘密举行的，除了会场一度遭到暗探和巡捕的骚扰以外，在社会上并没有引起任何注意，好像什么事情也没有发生。但是，一个新的革命火种由此在沉沉黑夜的中国大地上点燃起来了，中国历史将由她谱写出全新的篇章。

斗转星移！

在 20 世纪即将过去的时候，当年仅有 50 多人的中国共产党，已经发展成为拥有 5800 多万名党员的执政党。在中国共产党成立后 76 年的历史过程中，她领导中国革命和建设，历经坎坷，取得了辉煌的胜利和举世瞩目的成就。

如今，参加中共一大的代表都已过世。追寻他们的人生足迹和思想历程，从中探求人生的价值，寻觅历史发展的轨迹，揭示社会发展的规律，成为后人特别是历史学家说不尽道不完的话题。

大浪淘沙！

当年一同参加中共一大的代表，由于种种原因，后来走上了不同的人生之路。毕生为党的事业奋斗者有之，为人民的解放而献身者有之，中途脱党者有之，背叛革命者有之，沦为汉奸者有之。他们的曲折经历，尽现了复杂离奇的社会变迁，折射出剧烈动荡的时代特点。

这种复杂的情况，也就成为后来人研究中共一大代表的难点所在。

多少年来，研究中共一大代表的生平和思想，为他们各写一部传记的想法，一直萦绕在我们的脑海。这也是我们作为史学工作者的义不容辞的责任。1995 年七八月间，我们和河北人民出版社经过周密策划，邀请有关专家学者，正式启动了这一工程。

历史著作和人物传记的生命在于真实。只有真实，冷冰冰的书籍才会流淌生动的音符，才会涌动生命的活力。要做到这一点，最重要的是材料和方法。历史人物的传记写得成功与否，全赖于此。有了准确的材料和科学的方法之后，最重要的是搞清楚和把握住历史人物一生最根本的追求是什么，并把历史人物活动的时空环境尽可能地再现出来，把历史的真实再现出来，从而给历史人物一个比较准确的历史定位。这样写出来的历史人物传记，才会给读者一个大体逼真的历史人物形象。这也正是我们这套丛书所努力的目标。

为此，我们提出了四条编写原则：（一）据实直书而不拘泥于定论，以确凿的历史资料为依据，实事求是地秉笔直书，注重思想性、科学性、学术性。（二）史料丰富而不至于芜杂，挖掘和采用真实可靠的具有历史价值的史料，去粗取精，摒弃似是而非、查无实据的材料，严禁杜撰情节。（三）重点突出而不平铺直叙，结合社会历史背景，突出写传主的活动，以人和事贯穿全书，兼顾传主的思想发展和个人生活，写出传主的性格特点和人生色彩。（四）文字生动而不求浮艳华丽，力求达到语言生动活泼，优美流畅，有较强的可读性。

基于上述目标和原则，同时也考虑到中共一大代表各自不同的多面人生，我们在编写这套丛书时，还强调发挥各本书作者的主动性和创造性，作者可以阐发自己的观点，体例和风格也不强求完全一致。人物传记本来就没有一种模式、一个套路。作者在求真的前提下，以不同风格、不同体例来撰写人物传记，也可体现出人物传记写作的多样化和丰富性。

历时两载，我们编写的这套丛书终于和广大读者见面了。如果读者朋友特别是青年朋友能从这套丛书中得到或多或少的收获，那将是我们的最大快乐和欣慰。

需要特别指出的是，在参加中共一大的代表中，周佛海、陈公博、张国焘等人先后走上了党和人民的对立面。这从一个方面证明了树立正确的世界观、人生观，是何等的重要。对于这些人，我们按照实事求是的原则，把他们放在具体的历史环境中，直书他们的人生，分析他们的变化，其目的，一是真实地反映历史，二是希望从中得出一些有益的教训。

回过头来看这套丛书，我们所确定的目标和原则，可以说有些达到了，有些则还没有达到，或者说没有完全达到，留下了一些遗憾。这一方面是由于挖掘的资料还不够充分，另一方面，也与我们的水平和方法有关。我们热忱地欢迎广大读者朋友批评指正。

最后，我们还想强调两点：一是我们在编写这套丛书时，参考了许多史学家的研究成果，吸收了他们的最新研究成果，借本书出版之际，对这些同行表示诚挚的谢意。二是我们在编写这套丛书的过程中，得到了史学界、出版界以及有关部门的大力支持和帮助，特别是中共中央党史研究室的 10 余位专家顶着酷暑，为我们审阅了全部书稿。对于他们的辛勤劳动和全力帮助，我们表示衷心的感谢。

郑　惠　张静如

1997 年 8 月

邓
恩
铭

目 录
C O N T E N T S

第一章

CHAPTER ONE

少年时代

家　世

1901 年 1 月 5 日午时，邓恩铭诞生在贵州省荔波县一个称水堡的寨子里。

水堡，在荔波县城东北 40 里，是水族聚居区。

关于邓恩铭是什么民族人，说法不一。有苗族、汉族、水族三说，且各有所据。

1978 年 12 月和 1980 年 1 月，贵州省黔南自治州文化局、中共荔波县委等有关部门组成联合调查组，先后两次到邓恩铭的出生地，对邓恩铭的经历、族别、家庭经济状况和社会关系等进行调查。调查组查阅了县志和水族史等，访问了许多知情人，在掌握大量史料的基础上，经过仔细的分析、研究，一致认定邓恩铭是水族。

邓恩铭的胞弟邓恩光的话，为解开邓恩铭族别之谜提供了有力的证据。全国政协《文史通讯》1981 年第 3 期张志英著《烈士胞弟邓恩光答客问》一文中是这样记载的：当问到烈士（指邓恩铭）的民族成分时，邓恩光回答说："烈士民族成分是水族。外传烈士为汉族、苗族，也有所本：解放前，我们的祖父、父亲和我二哥恩荣在外行医时，为了免遭时人对少数民族的歧视，都曾自报（汉族）；解放前对贵州省少数民族曾有一个广泛的辱称——'苗子'，古文献中亦对贵州省少数民族泛称为'苗'，如'仲家苗'、'侗家苗'、'仡佬苗'和'水家苗'等，故有认为烈士的民族成分为苗族之说。解放后，'苗'正式作为苗族之专称。据邓氏《族谱》，记有高、曾、祖、考四代，在我记忆中还可以上溯三代。解放前，水堡村的三个水家寨（老寨、板本和板安），老住户只有潘、吴、邓三家，杨家只迁入两代。我们同操水语，长期共村共寨，同习同俗，共同认为我们是与其他民族有别的水族。"

水族，是中国的少数民族之一，主要聚居在贵州省三都水族自治县，其余分布在荔波、榕江、从江、独山、都匀等县（市）和广西北部与贵州毗邻的地区。

邓恩铭的祖上原是汉族，先祖是由广东省嘉应县（现梅县区）到荔波县居住的。至邓恩铭父辈时，在荔波水家聚居地已居住 130 多年，成为水族的成员。

邓恩铭出生时，邓家是祖孙三代八口人的大家庭，全家有三间草房，二亩田。土地常年产量八九挑（每挑 100 斤），难以糊口。为维持生活，懂得些医术的恩铭的祖父邓锦庭和父亲邓国琼，常常到盛产药材的瑶山苗岭采集药材，再到荔波县的九阡、恒丰等大集镇去卖，农闲时节还走街串寨行医。后来，邓家在荔波县城租了一栋木房，挂牌行医。

邓恩铭共有姊妹兄弟六人，他在兄弟中居长。因其自幼聪明伶俐，深得祖父母喜爱，所以被呼之"老乖"。"老乖"，遂成邓恩铭的乳名。

1905 年，为躲避匪患，邓恩铭姊妹兄弟六人随父母搬到荔波县城居住。现在，邓恩铭家居住的地方建成为"邓恩铭烈士故居"纪念地。

邓恩铭故居，为一座普通民房，坐西向东，当街而立。故居正门上方是"邓恩铭烈士故居"七个金光闪闪的大字。大门外的左方悬挂着"邓恩铭烈士故居简介"。进入正门，迎面是一幅邓恩铭青年时期的油画像。画像的右手一间是药铺，摆放着邓恩铭家开药铺时用过的柜台、药柜、药碾子等物品。画像的左手一间是邓恩铭的卧室，正墙上高挂的时钟、油灯，都是当时的物品。出了正屋，靠右边是一间厨房。原来的厨房，因年久失修，被雨水冲垮。现在这间厨房，是按当时的样子重新建造的。厨房里的石磨、马灯，都是当年邓恩铭帮助母亲夜晚推豆腐用的遗物。小小的院落内，邓家栽种的常青树，虽已有七八十年的历史，但仍枝繁叶茂。常青树旁有两棵高大的柚子树，收获时节，树上结满了果实。

迁入城里后，邓恩铭家的生活也不富裕。为维持生计，邓家与亲戚梁树臣合伙开了个"双合号"小铺，经营中草药，兼营糖果等杂物。邓家的女人都参加劳动，恩铭的祖母每天到街上卖点酸菜营生；恩铭的母亲每晚挑灯做鞋，但因制作费工，无利可图，改为生发豆芽、磨豆腐去卖。

邓国琮饱尝了生活的艰辛，念念不忘"万般皆下品，唯有读书高"的古训。他对聪慧的长子邓恩铭寄予无限的希望，想方设法让其读书，以便将来做大事，改变眼下艰难的生活和低微的地位。邓恩铭四岁的时候，父亲请当地著名学者、清末秀才蒙旦初给恩铭"发蒙"。1907年，又送邓恩铭进私塾馆。恩铭在私塾馆里系统地学习了《三字经》《百家姓》和四书五经。

1911年，邓恩铭进荔波县立初等小学读书。两年后，因学校合并，便到县立两级小学高级部继续读书。中华民国成立后，学校的教育目的和教学内容都发生了变化。学校明确规定培养学生的目的是："注意自由平等之精神，守法合群之德义，以养成共和国民之人格，启发国民之爱国心，养成独立自营之能力。"从这时起，邓恩铭开始懂得些反帝反封建的道理。

有头脑的歌童

邓恩铭自小深受祖母影响。水族是一个喜爱歌唱的民族，他们感情丰富，豪爽奔放，往往即景生情，遇事而歌，随编随唱，有"水家的山歌唱不完，夜连夜来天连天"的说法。

邓恩铭的祖母韦氏，出生在水族聚居的三洞，是有名的水家歌手，而且深明大义。她常常教恩铭唱山歌："砍柴一刀刀，担水一挑挑。谁知一餐饭，多少眼泪抛！""我在山这边，望到你那边。手儿难伸延，心儿紧相连。"一遍一遍地教过后，又不厌其烦地把这些歌词的寓意讲给恩铭听。

在祖母的熏陶下，恩铭逐渐明白了"吃穿来之不易""民族隔阂不好"一类浅显的道理。邓恩铭最喜欢听祖母讲述民间传奇人物的故事。

清朝咸丰、同治年间，潘新简（今贵州省三都水族自治县人）领导水族人民在九阡、莪浦一带起义，与苗、布依、侗、汉等族农民军相互配合转战于黔东南一带，并于同治五年攻破荔波县城，杀贪官污吏、恶霸豪绅、委派县长，坚持斗争十多年。民族英雄潘新简，成了恩铭儿时崇拜的偶像。后来，邓恩铭作了一首赞扬潘新简的诗：

潘 简 王

潘王新简应该称，
水有源头树有根。
总为清廷政腐败，
英雄起义救民生。

邓恩铭在小学读书的时候，正处在中国社会激烈动荡的年代。资产阶级民主共和的思想，在偏僻的荔波县也悄然传播开来。邓恩铭的老师高梓仲是一位热心的传播者。

邓恩铭在学校学习刻苦，成绩优异，尤其对诗词歌谣有浓厚的兴趣。他时常编一些反映民间疾苦的歌谣演唱：

下大雨，涨大河，
大水淹到白岩脚。
抓住大龙角，
鲤鱼、虾子逃不脱！①

---

① 高卓群：《邓恩铭烈士青少年时代所作之歌》。高卓群，小名玉鸾，邓恩铭童年好友。此文是她根据早年笔记向青岛市革命烈士纪念馆提供的。书中歌谣全部出自此文。

有一天，一个学生咿咿呀呀地唱旧歌谣，恩铭听到了，便凑过去说："来，我教你唱一支好听的歌子！"随即唱道：

> 种田之人吃不饱，
> 纺纱之人穿不好，
> 坐轿之人唱高调，
> 抬轿之人满地跑。

这支反映社会不平的歌谣，很快流传起来。歌声惊动了邓恩铭的老师高梓仲。

高梓仲，是当地思想颇为开明的知识分子，虽身居僻地，却抱负远大。他一向对邓恩铭怀有好感，认为恩铭虽年纪轻轻，但在待人接物方面却有古人所称道的"老者安之，朋友信之，少者怀之"的气度。当得知邓恩铭敢于吟讽黑暗、不平的社会时，更为惊喜。他手挽恩铭，以当地人上等的礼节——火锅宴会来款待自己的学生。从此，高、邓结为忘年交，邓恩铭成了高家的常客。

高梓仲家四代教书，可谓书香门第，藏书满架，高又购买了许多反映新思潮的书籍，所以，举凡历史、社会、文学、经济以及自然科学方面的书籍都可找到。邓恩铭到了高家，如泛舟书海，兴奋异常。高梓仲听凭邓恩铭翻检阅读，并常常与之谈古论今，逐步向邓恩铭灌输民主革命的思想。高梓仲多才多艺，能写善画，且有祖传嵌银技巧。邓恩铭除了读书之外，还从师学诗作画，学雕刻镶嵌手艺。高梓仲主张诗不要受格律的束缚，十分欣赏民歌的格调，这对于喜爱民歌的邓恩铭影响尤深。高梓仲的思想、人品、学识，对邓恩铭的一生产生了重大影响。

崭露头角

1915 年，袁世凯为换取日本对其恢复帝制的支持，接受了日本提出的旨在灭亡中国的"二十一条"草案。袁世凯的这一卖国行动，在全国激起了强大的反抗浪潮，广大民众奔走呼号，游行示威，抵制日货，声讨袁世凯的卖国勾当，反对日本帝国主义的侵略罪行。当反日讨袁的爱国运动波及荔波县城的时候，邓恩铭积极投入到运动中。每逢赶场，他和同学们一起拿着三角旗逐街逐巷宣传。一次讲演时，他将自己用的日本货——袜卡子等当众烧毁，以表达抵制日货的决心。反日讨袁，是邓恩铭第一次参加的政治运动。

年轻时的邓恩铭，在民主思想的影响下，对黑暗、不平的社会现象更加嫉恶如仇，他常常挺身而出，仗义执言。当时的荔波，封建习俗浓厚，妇女备受歧视和虐待，毫无社会地位可言。

一天，在放学的路上，邓恩铭看到一位粗壮的汉子毒打他的妻子，一位长辈模样的人站在一旁，毫无怜悯之意，还振振有词地数落那位可怜的妇女：女子出嫁不从夫就是失德，一妇失德全家不和，族人也面无光彩，还成何体统？

邓恩铭忍不住挺身向前质问："现在是民主共和的天下，提倡男女平权，你还讲古代前朝的三从四德，这不是反对共和、复辟专制吗？这成不成体统！"

那位长辈被问得目瞪口呆，男人也只得住了手。这件事很快传遍了荔波县城的大街小巷。

又有一次，高梓仲随校方祭孔，不带女儿玉鸢（高卓群）。玉鸢很是委屈，倚门啼哭。恩铭安慰她说："孔夫子是专制皇帝的圣人，他从来就不喜欢女子读书，你为什么还要去祭他？现在共和了，男女平权，女子一样可以读书，一样可以立足社会，你该像你祖母一样，当女教习①。你看汉朝的班昭，帮助她的哥哥班固修《汉书》；花木兰替父从军，立了汗马功劳，都是扬名史册的奇女子。你也要为女子争光！"

高小就要毕业了，由于家庭生活日益艰难，邓恩铭不可能继续上学。这时，他认真地思考着自己的人生道路。邓恩铭非常崇拜历史上的英雄人物，如岳飞、文天祥、秋瑾……，希望在自己的人生道路上效仿他（她）们。在历史英雄人物中，他更敬佩李自成，用一首联句抒发了自己的感想：

> 甲午战役丧海军，
> 辛亥革命推满清；
> 勾通外国那拉氏，
> 直捣皇陵李自成。

1917 年秋，临近高小毕业的邓恩铭给远在山东任县官的叔父黄泽沛写了一封言辞恳切的书信，表达了自己想继续求学的强烈愿望，请求叔父予以资助。黄泽沛慨然应允。

金秋八月，丹桂飘香，年轻的邓恩铭就要离开故乡，奔赴遥远的北方。他思绪翻腾，欣然挥笔抒发了自己的心情和远大的抱负：

> 赤日炎炎辞荔城，
> 前途茫茫事无分。
> 男儿立下钢铁志，
> 国计民生焕然新。

---

① 高卓群的祖母是荔波县第一个教私塾的妇女（女教习）。

按荔波当地的风俗，出远门要祭告祖宗，辞别亲友。亲友们都殷切地希望他学有所成，衣锦还乡，光宗耀祖。然而，恩铭自有远大志向，他录诗赠别曰：

南雁北风，
去不思归。
志在苍生，
不顾安危。
生不足惜，
死不足悲。
头颅热血，
不朽永垂。

儿时的伙伴和知心的同学对邓恩铭更是依依不舍，纷纷询问何时能回来。邓恩铭应声而答：

君问归期未有期，
乡关回首甚依依。
春雷一声震大地，
捷报频传不我欺。

第二章

在五四运动中

不远千里赴济求学

邓恩铭与婶母、堂弟一起，自荔波出贵州，经广西、广东到香港，然后乘轮船到上海，再坐津浦铁路火车经江苏、安徽，于1917年9月到达山东的济南。

邓恩铭所投奔的黄泽沛，又名黄云从。黄云从的父亲原名邓锦臣，与恩铭的祖父邓锦庭为一奶同胞，儿时过继给姑母家而改姓"黄"，到黄泽沛已两代姓黄。尽管如此，黄、邓仍是一家。如黄泽沛又名邓国瑾，邓恩铭曾用名黄伯云，字仲尧。在叔伯排行中，国瑾系国琮堂二弟，故恩铭呼其为"二叔"；黄泽沛之子黄幼云呼恩铭为"大哥"。

邓恩铭投奔黄泽沛，欲继续求学，但此时的黄泽沛，任山东省仪阳县帮审，是一个低等小官，家境也不宽裕，邓恩铭只好要求父母接济。他在1918年9月19日的一封家信中写道："家叔入款寥寥，月不足用，铭入学甚为困难，故铭拟每年由家寄款接济。"这年年底，生于南国的邓恩铭感到不适应北方的寒冷天气，写信向父母要钱购买御寒衣服。邓国琮接信之后只能寄给五元钱。幸亏黄泽沛的岳父何少伯器重邓恩铭的求学精神，经常予以资助，方使恩铭得以继续读书。

何少伯是荔波县朝阳板告人，布依族，清末进士，先后在山东的胶州、东阿等地当过县长。黄泽沛当初就是靠他在官府中谋得差事的，并多年受其接济。黄泽沛直至1919年出任青城县长，后又陆续任胶县、淄川、益都、沂水等县县长时，家境才渐渐宽裕起来。

邓恩铭到济南后，集中精力读书，以便考取中学。黄泽沛家中藏书很多，邓恩铭来后，他又特意花400元购买一套《四库全书》。这为邓恩铭营造了良好的读书氛围。邓恩铭如鱼之得水，常常通宵达旦，秉烛不寐。

邓恩铭幼尝艰辛，对贫苦人民一向富于同情心。在荔波县城时，乞丐讨到邓家，打着竹板唱道："打大雷，下大雪，可怜麻雀树上歇。麻雀还有一身毛，可怜鲤鱼水上漂。鲤鱼还有两根须，可怜穷人无吃的。"邓恩铭常常给乞丐许多食物。来济南后不久，一次黄家人发现做零工的李生偷偷用布袋盛些粮食拿走了，便要去追赶，恩铭拦住家里人说："不要去追了，他家中一定有困难，说不定揭不开锅了……"家里人说："那可是我们的粮食啊！"邓恩铭劝说道："别分你的、我的，他拿走点粮食，是被生活逼迫的，只因这社会太黑暗了。"

黄泽沛家收养了一个小女孩，乳名来燕。来燕长到10岁时，便进学堂读书。黄泽沛夫妇视来燕为掌上明珠，对她非常溺爱。每天早上买香甜的点心给她吃，一年四季做新衣服给她穿。邓恩铭觉得这样娇惯来燕，对她成长不利，就对婶母讲："生于忧患，死于安乐。来燕妹妹年纪小，不要娇生惯养。"接着，又教导来燕说："天下还有很多没有饭吃的穷人，他们冬天没有衣穿，下雪天还要到外面做工，有的冻死在大街上。咱们有饭有衣，可要常常想想没有饭吃、没有衣穿的人，让他们将来也有饭吃、有衣穿。"后来，邓恩铭写了一首儿歌，贴在来燕的房间里，作为警示。

早晨来燕去上学，

简简单单吃馍馍。

一个铜板不乱花，

普普通通过生活[①]。

在邓恩铭的教导下，来燕懂得了勤俭节约的道理。

① 《邓恩铭》卷一，第35页，存青岛革命烈士纪念馆。

考入省立一中

1918 年，邓恩铭考入设在济南的山东省立第一中学（简称省立一中）。这所中学，在山东颇为有名。

省立一中，是济南开办最早的公立中学。其前身是清末建立的私立山左公学、济南官立中学堂和私立公励中学堂。中华民国成立后，私立山左公学与私立公励中学堂均改为公立。1914 年，这三所中学合并为山东省立第一中学校，校址设于贡院墙根北头。中华民国初年，南京临时政府对教育进行了一系列改革，颁发了"注重道德教育，以实利教育、军国民教育辅之，更以美感教育完成其道德"的宗旨。省立一中创立之初，努力实行这一教育宗旨。开始，学校经费不足，规模较小，仅占地不足 30 亩，只有 2 座教学楼 8 个教室，没有学生活动场地，而且教学设备简陋。1915 年，省批准把学校西邻省议会的一块 5 亩的空地拨给学校，学生才有了运动场。1915 年 3 月，校长赵同源等一行数人分赴京、津、苏、浙等地考察，学习办学经验，并参观在天津举行的华北运动会和在上海举行的远东运动会。从此以后，学校教学工作有了较大改进。到 1917 年，在校学生约 200 人，分 4 个年级共 8 个班。这时，一中的学制是 4 年，开设的课程有国文、数学、修身、英语、物理、化学、体育、音乐等。1918 年，邓恩铭入学时，省立一中又建立了音乐教室和图画教室，购置了风琴和图画架等，丰富了学生的学习生活。

邓恩铭进入省立一中后，眼界大开，思想产生了很大飞跃。

当时的学校教育虽然含有封建儒学教育的内容，但新思潮新文化也日渐传播。陈独秀主编的以青年群众为主要读者对象的《新青年》痛切地陈述当时中国社会黑暗腐败的状况和封建专制制度的罪恶，号召青年"冲决过去历史之罗网，破除陈腐学说之囹圄"，用"新鲜活泼而适于今世之争存"的思想来取代陈腐朽败的思想，以求得思想的解放，因而在知识分子聚集的省立一中极受欢迎，广为流传。省立一中学生王统照于1916年向《新青年》写信，反映这本杂志在山东学生中受欢迎的情况："校课余暇，获读贵志。说理新颖，内容精美，洵为最有益青年之读物。怿诵数过，不胜为我诸青年喜慰也。"赞扬"贵志出版以来，宏旨精论，夙所钦佩。凡我青年，宜手一编，以为读书之一助。"杂志编者在《新青年》第二卷第四号（1916年12月）上专复王统照说："来书疾时愤俗，热忱可感。中学校有此青年，颇足动人，中国未必沦亡之感……"

邓恩铭考入省立一中，父母、亲属尤其是其叔黄泽沛都非常高兴，时常劝导他要安分守己，埋头读书，将来博得一官半职，改换门庭，光宗耀祖。邓恩铭最初也认为，一心一意发奋读书，将来就可以"救国""自救"。但动荡不安、黑暗透顶的社会使邓恩铭的幻想破灭了。他越来越关注国家的命运和前途。1917年俄国的十月革命和民主、科学的新思想引起了邓恩铭的极大兴趣。1919年春天，邓恩铭开始钻研《北京大学日刊》。在学校里他常常操着浓重的贵州乡音把《北京大学日刊》中的新思想，讲给同学们听，和同学们一起讨论。在讨论中，邓恩铭表现出思维敏捷，具有独到见解。特别是他谈论的帝国主义、封建主义对贵州人民的残酷荼毒的情况，引起了同学们对帝国主义和封建主义的极大愤慨和对人民群众的深切同情。

站在五四洪流的潮头

就在邓恩铭初步接受新思想的时候，伟大的五四爱国运动爆发了。邓恩铭以前所未有的热情投身到运动中。

五四爱国运动是因为中国人民反对帝国主义列强在巴黎和会上损害中国主权、反对北京政府的卖国政策而爆发的。1919 年 1 月，第一次世界大战的战胜国在法国巴黎召开和平会议。这实际上是由当时世界五强即美、英、法、日、意五个帝国主义国家操纵的重新瓜分世界的会议。参加这次和会的中国政府代表在全国舆论的压力下，提出取消外国在中国的某些特权，取消"二十一条"不平等条约的正义要求，但是遭到无理拒绝。在讨论德属殖民地问题时，中国代表又提出战前德国在山东攫取的各项权益应直接归还中国。日本却提出它在大战期间强占的德国在胶州湾的租借地、胶济铁路以及德国在山东的其他殖民权益，应当无条件让与日本。4 月 29 日，英、美、法三国议定的巴黎和约关于山东问题的条款，完全接受日本的提议。这样，日本夺取的战前德国在中国山东的殖民权益便被明文肯定下来。北京政府的代表虽然不得不承认"此次和会条件办法，实为历史所罕见"，但是他们遵照北洋政府的意旨，屈服于帝国主义的压力，准备在和约上签字。

巴黎和会事关山东主权问题，山东人民倍加关注，首先行动起来。2 月 16 日、3 月 30 日，山东省议会两次致电北京政府，抗议日本政府的无理行径，要求政府据理力争，收回山东主权，表示"抹项捐躯，愿为后盾"。同时，山东各界联合建立了山东外交商榷会。3 月 31 日、4 月 5 日，山东省议会和山东省教育会等团体又两次联合致电巴黎和会与中国专使，强烈要求将青岛和胶济铁路直接交还中国；要求中国专使竭力抗争，并以全省人民的名义提出警告：勿使千载一时之机，败于一二宵人之手。同时致电美、英、法、意四国专使，严正提出，所有山东权利直接交还中国，不容有第二国之要求。4 月 12 日，济南各校学生代表百余人在省教育会会场举行会议，成立山东学生外交后援会，要求集全力以争国权。4 月 20 日，济南各界群众万余人在演武厅东举行了空前规模的国民请愿大会，工人代表侯丹峰、学生代表秦炳成等数十人相继演说。据 1919 年 4 月 25 日上海

《申报》报道，演说者"沉痛激昂，声泪俱下。时台下听者无不汗流浃背，愤慨之情现于眉宇。即妇人孺子一般劳动者，亦皆泣不能抑。其间以第一中学学生秦炳成登台演说之际，泪簌簌下，泣不成声，尤是动听。工界人士侯君丹峰直捷痛快，其刺激力尤大。"当与会群众看到一位学生啮破手指，在布上血书"力争主权"四个大字时，群情激愤，许多人都痛哭流涕。这次大会响亮地喊出了"外争国权，内惩国贼，废除卖国条约"的口号。5月2日，山东劳动界在济南北岗子举行了"收回青岛"演说大会，参加大会的工人有3000多名。工人李凤林、赵强东、王得胜等相继登台演说。赵强东的发言，感人肺腑，博得雷鸣般的掌声。山东人民的斗争引起全国各阶层人民的普遍关注，新闻媒介作了大量的报道。"四二〇"山东国民请愿大会，"其悲愤之精神""传遍于北京之社会"。

5月4日，北京大学等13所大专学校的学生3000余人，在天安门前集会，然后举行示威游行。他们高呼"取消二十一条""还我青岛"等口号。示威队伍遭到北洋军阀政府的镇压。5月5日，北京学生宣布罢课。同日，山东人民闻悉北京学生的爱国行动遭到镇压，十分愤慨。邓恩铭和省立一中的学生联合其他学校的学生，有组织地到济南城内外进行宣传讲演，声援北京的学生爱国运动。邓恩铭在运动中表现出强烈的爱国思想和出色的组织领导能力，因而受到同学的拥护，被选为省立一中学生自治会的负责人兼出版部部长，成为省立一中学生运动的领袖人物。

5月7日，山东暨济南各界62个团体3.5万多人手持书有"勿忘国耻""力争主权"等字样的小旗，冲破军警的阻挠，在省议会举行山东各界国耻纪念大会。邓恩铭率领省立一中学生奔赴会场，参加大会。国耻纪念大会，首先由大会主席郑幼亭报告开会宗旨，其次由众议院鲁籍议员王讷报告北京近日交涉情形，接着大会决定，分别致电北京政府、巴黎专使、上海南北和会和京师大学生，表示誓为北京学生之后盾，要求严惩国贼，共挽危亡。最后，聂湘溪等30余人相继登台演说。省立一师学生张兴三演讲时，当场咬破右手中指，血书"良心救国"四个大字。5月12日《申报》报道大会消息时说，此时"全场会员无不陨涕，皆指天誓日，固结团体，决定此番举动如不能达到圆满目的，虽牺牲全省人民身家性命，亦在所不惜"。当日晚，济南中等以上21所学校学生代表70余人，在富官街召开政治讨论会，议决电请北京政府释放被捕学生，严办曹汝霖、陆宗舆、章宗祥诸贼，并要求于两日内答复，否则一律罢课。

5月10日，邓恩铭等带领省立一中的学生，会同济南城内外20所中等以上学校学生，不顾督军、省长的禁令，冲破军警的阻拦，汇集在省议会举行学生联合大会。会场内聚集着万余名情绪激愤的学生，有许多学生胸前佩戴着三角式长方白布，上书"驱除蟊贼""还我河山""良心爱国""力争青岛"等字样。20余人先后在大会上发表演说。之后，公推6位代表往见督军、省长，提出3项请求，并转电北京政府："（一）速电巴黎专使，据理力争，勿轻签字；（二）惩办曹汝霖、陆宗舆、章宗祥诸人之罪；（三）电沪会代表，让步息争，同御外侮。"同时"请省长发给军械，实行兵式操练，预备外交破裂"，表示"全体学生愿作前驱"。会后，七八个学生结成一组，分赴各街演讲，"以期唤醒各界，热心爱国，抵制日货"。

五四运动因山东问题而起，所以山东的工、农、兵、学、商各界都卷入了运动之中。其中，知识分子和青年学生站在斗争的最前列。

济南各学校学生在斗争中认识到联合起来的重要性，于5月12日举行各校代表会议，正式成立济南学生联合会，统一领导学界爱国运动。

5月19日，北京学生再次实行总罢课，济南学联坚决支持北京学生的行动。5月23日，济南中等以上21校学生实行总罢课。邓恩铭带领省立一中的学生参加行动。罢课学生发表了《罢课宣言》，申明罢课的原因和目的，称："政府为人民所推戴，不惟不作保障，反视若义当牺牲。学生对于此等政府，殊深触望，不得已，乃以个人能力，自谋保全，誓死相争，罔计利害。""学生等求援无路，呼喊莫闻，沦亡在即，亦何心更求学问，自本日为始，全省学校一律停课。"罢课宣言提出罢课后的三项任务：（一）组织演说团，分赴各城市乡镇，演讲亡国之惨；（二）印制简明印刷物，激发同胞爱国热忱；（三）组织调查部，会同商会，分赴各商家调查日货，务使禁绝 [1]。在宣布罢课的同时，以山东省中等以上学生的名义致电总统徐世昌，指责政府"一味掩耳盗铃，饰词愚弄。鲁人无论如何哀吁，充耳罔闻。""悔祸无心，变本加厉。国亡无日，救死何所！""学生皆痛心沦胥，爰于5月23日起全体罢课，专待我大总统将外交问题决不签字，作正式之表示。"

济南学生总罢课后，邓恩铭根据《罢课宣言》中提出的任务，将省立一中学生组成若干讲演团，分赴城内外各街进行露天讲演，劝告同胞速醒爱国，以救国危。邓恩铭在讲演中，历数日本帝国主义侵略中国的罪行和北洋军阀政府的无耻卖国行径，号召人们奋力救亡。他的演讲声情并茂，富有感染力，听众无不感动愤恨，齐呼"誓死救国"。

济南市学联为使学生运动与各界爱国运动相联合，成立了"学商联合会""学工联合会"和"学农联合会"。这些联合会的成立和活动，推动了全省人民反帝爱国斗争的展开。

对于山东人民的爱国运动，山东军政当局极为恐慌。5月29日，山东督军张树元、省长沈铭昌密电国务院，报告济南学生罢课后的活动情形及防范办法，同时警察厅连续发布"禁止商民集会和抵制日货，如有违者，逮捕严办""禁止开会演讲和散发传单，如有违者，拿送法庭惩办"等布告，威胁群众。邓恩铭和其他学校学生领袖共同发表宣言，痛斥警察厅甘心媚外，阻遏民气，禁止各界爱国活动的丑恶行径，并对警察厅布告逐条进行驳斥。

---

[1]　山东省地方史志编纂委员会：《山东史志资料》总第5辑，山东人民出版社1983年版，第113页。

6月9日，在学联的组织和发动下，济南各界近万人在省议会开会，决议10日举行罢市。当日晚，济南商、学界代表排除商会会长张子衡的阻挠，在省立一师召开联席会议，商讨罢市的具体事宜，通过《罢市宣言》，提出惩办卖国贼，并没收其财产；拒绝签字；释放被捕学生；促进南北议和等四项要求。山东督军张树元始终对罢市采取敌视态度。10日晨，他从城外调进城内数百名陆军，会同警察准备弹压。当时街上军警荷枪巡逻，警戒森严，如临大敌。军警威逼商店照常交易，致使有的商店在刺刀的逼迫下开了门。不畏强暴的学生捶胸痛哭，沿街呼号，有学生跪求商家，求其闭门罢市。在学生的宣传下，商家遂轰然一齐闭门，军警再也无可奈何。

张树元禁止罢市的阴谋破产后，异常恼怒，遂通令各校严禁学生出校，企图以此隔断商、学界的联系，威逼商家开市。6月13日，张树元派出大批军警到省立一中等校封锁校门，不准学生外出。邓恩铭带领一中学生，奋力冲破军警的封锁，涌向街头。其他各校学生也冲破军警的阻拦走出校门。张树元调集军队分两路向学生进逼，企图强行驱散街上的学生队伍。邓恩铭率省立一中的学生和其他学校的学生在西门大街汇成一支浩大的队伍，向商埠游行，并准备到日本领事馆示威。张树元命令军队严禁学生西行。游行队伍刚过纬一路，就被军警持枪挡住。学生奋力冲破拦截，继续前进。张树元派出大批军队重重把住各个路口，不准通行。于是，学生向督军署进发。当进入西门后，被军队堵住，围困在西门大街，不能前进。

这时，城外的山东省立女子师范学校学生和原先被军警围堵而不能出城的学生冲破阻拦，前来增援。当局见驱散不成，便将西门大街一带四面封锁围困。整个西门大街一带一时交通断绝，军警林立，马路梭巡。邓恩铭和2000余名爱国学生一起，分列大街两旁，高喊反帝爱国口号，静坐示威，进行绝食斗争，表示不达目的决不返校。

各界群众被学生的爱国热情所感动，纷纷送来食品和茶水，慰问学生。这样，学生与军警一直相持到深夜，后来经省议员张公制等人出面调停，终于迫使当局答应了学生提出的条件：（一）电请中央释放北京被捕学生；（二）撤走监视各校的军警；（三）学生演讲自由，军警不得干涉；（四）商人开市与否，任其自由，不许军警干涉；（五）释放因坚持罢市而被捕的商人；（六）青岛问题不签字；（七）不再取缔报稿。斗争取得了胜利，邓恩铭等非常高兴。他从中认识到，只有坚决斗争，才能达到目的。军警离去后，邓恩铭等省立一中的学生和其他学校学生一起，整队返校。

邓恩铭为动员各校学生参加这场反帝爱国运动，积极奔走，做了大量工作。据当时参加运动的丁祝华回忆：

1919年五四爱国运动在北京爆发，消息传到济南，邓恩铭、王尽美立即到济南各中等学校联系，召开各校学生代表会议，研究制定声援北京学生反帝爱国斗争的具体措施。这时，我认识了邓恩铭。第一次见到他时，就尽情倾诉我的苦闷和抱负。邓恩铭同志热情地鼓励我说："中国妇女要改变自己的地位，只有自立。而要自立，就必须冲破封建礼教的束缚。"当我谈起学校管理制度很严，流露出一些畏难发愁情绪时，邓恩铭同志就耐心地开导我说："万事开头难嘛，但只要你痛下决心，鼓足勇气，就能冲破封建思想的束缚，为争取妇女自身的解放和自由迈出一步。"他是那样循循善诱，谆谆教人，给我留下了深刻的印象。经过这次恳谈后，我和几位向往自由、要求进步的同学商量，要主动割除自己身上的封建影子，带头放脚、剪发，冲破学校的禁令，公开社交，发动女生走出校门，上街示威游行，参加爱国反帝斗争。这几位同学一致赞成。在我们的带动影响下，有些女同学也开始放脚、剪发，撕掉了束胸背心。在假期中，他们回到家里向父母宣传独身主义，宣传婚姻自由，有的登报声明解除婚约，有的为了逃婚远离家乡到外地从事革命工作①。

---

① 丁祝华：《怀念战友邓恩铭》，《济南日报》1996年4月8日。

6月15日，鉴于曹汝霖、章宗祥、陆宗舆已被罢免，当局已接受学生提出的要求，济南商、学界万余人在省立一师门前召开联合大会，一致决议，下午开市。中午，邓恩铭和济南男女各校学生数千人一起，手持书有"谨守秩序，感谢商民"等口号的三角旗，分东西两路在商埠和城内游行。时值倾盆大雨，但学生"士气昂然"。学生所到之处，"商民无不掩面而泣"，商店即齐下门帘窗帘，开市营业。接着，山东各界联合会致电北京政府，重申各项要求。其后，山东人民又开展了进京请愿和广泛的抵制日货运动。

怒砸《昌言报》馆

7月，邓恩铭参加了怒砸《昌言报》馆的斗争。对于山东和济南的群众爱国运动，当时济南出版的《大东日报》《民政日报》《齐鲁日报》等报刊，都表示鼓励和支持。而北洋皖系军阀操纵的政客集团安福系办的《昌言报》却站在北洋军阀政府一方，经常在报上为北洋军阀政府的卖国外交辩护，极力诋毁学生运动，攻击学生的爱国行动是"狂热"，说什么"国家大事，无知孺子焉能过问"。

1919年始任山东省省长的浙江人沈铭昌，属文治派官员，他与山东地方军阀素无渊源，与地方政界亦无联系，在鲁势单力薄，而对于群众运动的态度比较缓和，因而受到掌握山东军政大权的安福系的不满和排挤。

7月20日，《昌言报》登载以山东十府三州公民代表的名义致国务院电，攻击省长沈铭昌纵容支持学生运动，从而激起了济南各界人士的愤怒。21日，济南各界1000余人在省议会召开各界救国联合大会，痛斥《昌言报》的卖国谬论。邓恩铭与部分省立一中学生参加了这次大会。会后，邓恩铭等带领群众包围《昌言报》馆，将其捣毁，并将该报经理张景云、主编薛惠卿、法律顾问张谦斋等一一绑缚，背插亡命旗，上书"昌言报馆卖国贼×××"，游行示众。

《昌言报》馆的被砸，使反动当局深感不安。7月22日，张树元召开了军警首脑紧急会议，决定缉捕"祸首"，并特电北京政府，请求颁布戒严令。在电报中，他诬蔑爱国群众是"莠民""暴民"，把人民的爱国行动诬之为"肆行强暴，为所欲为"。7月25日，北京政府据张树元电呈，令准山东宣布戒严，委任济南镇守使兼第四十七旅旅长马良为戒严司令。同时，免除同情爱国运动的沈铭昌的省长职务，委任媚外政客屈映光为山东省省长。亲日卖国的马良，公开镇压爱国运动，丧心病狂地杀害回族爱国人士马云亭等三人，制造了"济南血案"。"济南血案"激起了全国人民的愤慨，济南及各地掀起了"驱马"运动。"驱马"运动是五四爱国运动在山东的延续。在这一运动中，邓恩铭始终站在斗争的前列，发挥了重要作用。

第三章

立志改造社会

创办康米尼斯特学会

五四运动促进了马克思主义在中国的传播。尖锐的冲突，激烈的斗争，使年轻的邓恩铭进一步地思索中国社会问题。特别在运动中，山东与外地的联系进一步密切，各种信息大量涌入，使邓恩铭大开眼界。当运动稍稍平静时，邓恩铭就带着头脑里积存的各种问题，如饥似渴地学习。齐鲁通讯社售书部成了他课余常去之处。

齐鲁通讯社是山东省议会议员、秘书长，中国国民党党员王乐平创办的。设在济南院前大街 2 号。齐鲁通讯社与上海、北京、广州等地的进步团体和出版界建立了密切联系，"一方作通讯事业传达到外边去，一方代派各处新出版物，为介绍思潮、改良社会的先声。"① 售书部经销全国各地出版的进步书刊，以促进山东学术界研究新文化新思潮运动的发展为目的，"非以营利为目的"。

1920 年 9 月 25 日，齐鲁通讯社售书部迁到大布政司街 20 号（后迁天地坦街），扩充为齐鲁书社，王乐平任社长。齐鲁书社在传播新文化方面发挥了重要作用。1920 年 10 月 7 日北京《晨报》以《山东新文化与齐鲁书社》为题，报道了有关情况："从去年 10 月间省议会议员王乐平，组织了一个齐鲁通讯社，附设卖书部，专以贩卖各项杂志及新出版物为营业，通讯社虽以人的问题未能十分发达，卖书部却是一月比一月有进步，头一个月仅卖五六十元的书，到最近每天平均总可卖十块钱。卖书部创设的本意，固非以营业为目的，但营业扩充，即是证明山东学界想着研究新文化的也很有进步。"

---

① 《晨报》，1919 年 12 月 28 日。

在这里，邓恩铭阅读了《新青年》《每周评论》《曙光》等进步杂志和介绍苏俄革命、宣传马克思主义和民主、自由思想的《俄国革命史》《辩证法》《共产党宣言》《工钱劳动与资本》《俄国革命纪实》《资本论入门》《社会科学大纲》等进步书籍及鲁迅的著作。同时，邓恩铭结识了一批志同道合的朋友，如山东省立第一师范的王尽美、山东公立工业专门学校学生王象午和育英中学教师王翔千等。他们经常在一起交流读书心得，探讨救国救民、改造社会的道路和方法。

1920 年夏秋之际，邓恩铭和王尽美一起，联络在齐鲁通讯社售书部结识的一批向往共产主义的进步青年，秘密成立了济南康米尼斯特（Communist，共产主义）学会。学会专门收集共产主义理论书籍，以研究共产主义为宗旨。学会主要成员还有王志坚、李祚周、王克捷、赵震寰、王象午等在济南求学的青年学生。邓恩铭在康米尼斯特学会中发挥了重要作用。

1920 年 9 月上旬，邓恩铭作为省立一中学生自治会出版部的代表，参加学校参观团，赴天津南开中学参观。南开中学，是一所仿照欧美近代教育制度开办的私立学校，教育制度和教学内容比较进步，当时名闻国内。创办人严修（字范孙），在晚清做过翰林和学部侍郎，思想比较开明。校长张伯苓，原是北洋水师学堂毕业的军人，后因受到甲午战争失败的强烈刺激，转而从事教育工作。他专门到日本、欧美考察过教育。

邓恩铭参观南开中学后，感慨万千，他觉得这是一所富有生气的学校，颇具特色。第一，学习和生活管理严格。南开中学的学制是四年。主科有国文、英文、数学（包括代数、几何、三角）三门，每年都有。英文课每周达十小时，次科有物理、化学、中国史地、西洋史地、生物、法制、体操等。从二年级起，除国文和中国史地外，各科都用英文课本。从三年级起，就要求学生阅读英文原著小说。为了提高学生英语会话能力，学校还请了美国教师任课。学校还到日本购买了大批实验设备，让学生自己动手去做。这在民国初年的学校中是不多见的。各门课程每月考试一次，期末有大考，留级和淘汰的学生都不在少数。能坚持到毕业并不是一件轻而易举的事情。学校还设有"修身"课，每星期三下午，由张伯苓和其他教师讲国内外大事和做人做事之道，有时也请校外的名流学者讲演。学校要求学生外表必须整洁，举止必须端庄，放荡的生活是不允许的。第二，学校提倡学生积极开展课外活动，要求学生在学校里不单是读书，而且要学会办事，养成自己管理自己的能力。学生中有许多社团和学术研究会，这都是受到学校鼓励的。学校经常组织各门学科的班级间或个人间的比赛，以激励学生的竞争上进精神。假期中，学校还为留校学生安排了各种活动。

1920 年 9 月 14 日，邓恩铭在写给父母的信中，谈到了这次天津之行，他说：前几天男代表本校出版部上天津参观南开，见人家的学校这么样大，学生这么多，功课这么好，回头想想我的小学母校怎么样？中学母校怎么样？我的功课怎么样？简单答起来，小学、中学都不好。至于我的功课呢，读了十来年的书，还是一个"依然固我"。想起来前途茫茫，真叫男伤心呵！但是放开眼看一看荔波的青年，能有几个像我所处的地位？不禁我又转悲为乐了 [1]。

发起励新学会

1920 年 8 月，上海共产党早期组织成立后，陈独秀函约王乐平在济南建立共产党组织。陈独秀之所以约请王乐平在山东组建共产党，是因为王

---

[1]　《邓恩铭烈士专集》，《黔南布依族苗族自治州概况·地方志资料汇编历史部分》，1983 年版，第 72 页。

乐平是山东新思想的积极传播者，在山东具有很高的社会名望，且与陈独秀有着深厚的友谊。王乐平自己没有进行建立共产党的工作，而是推荐王尽美、邓恩铭与上海共产党早期组织联系，筹建济南共产党早期组织。

为了在思想进步的青年中建立共产党早期组织，广泛吸收进步青年参加研究革命理论，邓恩铭和王尽美等经过多次讨论，决定另行组织一个范围更加广泛的学会，名为励新学会。1920 年 11 月 14 日，邓恩铭等 11 名发起者举行会议，一致推举王尽美等 4 人起草详细会章。励新学会章程共分总纲、会员、会务、机关、职员、会议、会费、附则等八章。励新学会以"研究学理、促进文化"为宗旨，规定"凡有中等学校学历者经本会会员五人以上之介绍再经全体会员同意即认为本会会员"；章程规定总会设于济南，各处有会员 5 人以上者，可设分会。

因励新学会会员大多是齐鲁书社的热心读者，故总会会址设在济南市大布政司街的齐鲁书社内。

11 月 21 日下午，王尽美、邓恩铭等在济南商埠公园大厅召开励新学会成立大会。王乐平、李舸梁等作为来宾参加会议。北京《曙光》杂志的代表王晴霓也专程来济祝贺。《曙光》杂志，是山东旅京大学生宋介、王统照、王晴霓、范予遂、徐彦之等于 1919 年 11 月创办的，主编宋介是山东滋阳（今兖州）人，主笔王统照是山东诸城人。这些山东学子，在北京五四运动的熏陶下，立志于新文化运动。随着新文化运动的发展，《曙光》的政治倾向由"促进社会改革"转变为传播马克思主义，大量发表介绍苏俄情况的文章和列宁著作译文。《曙光》最初就把故乡山东读者作为主要的发行对象之一，在济南、烟台和在东京的山东侨胞中均设有代派处。王统照、王晴霓与王乐平、王翔千同是诸城王氏家族，交往颇深。《曙光》杂志社的成员宋介、徐彦之与山东进步人士和学界如王尽美、邓恩铭的个人关系也很密切。《曙光》杂志为推动马克思主义在山东的传播发挥了重要作用。励新学会成立大会的气氛热烈异常，来宾和会员进行了演说，然后举行了茶话会和摄影等活动。

　　根据章程的规定，励新学会的会员主要是济南中等学校的学生。据励新学会成员王景鲁回忆："当时成员的结合，都以不满现实为基础，不满学校的读死书以及校方的高压政策，不满专制腐朽的北洋军阀反动统治下的黑暗政治，不满旧社会的不平等无自由。"[1] 学会刚成立时有会员 11 人，不久又有增加。1921 年 1 月 1 日出版的《励新》半月刊第二期刊登的会员通讯处中共有 19 人。到后来最多时达 50 余人。由于受邓恩铭的影响，省立一中很多进步学生参加了励新学会。

　　励新学会的会务有：发行报章、举行演讲、举办学术谈话会、出版《励新》半月刊等。邓恩铭是励新学会的重要领导成员，任庶务，负责学会的日常事务。

　　学术谈话会是励新学会会员学习、研究、宣传革命理论的一个重要途径。邓恩铭与王尽美等一起，经过多次讨论，制定了学术谈话会简章，规定会员每星期日用半天时间举行学术谈话会。邓恩铭还具体负责邀请济南和北京等文化教育界知名人士举行演讲会，演讲的形式生动活泼，演讲的内容立意深刻，切中时弊，深得会员的喜爱。

　　励新学会会务报告记载的一次演讲会的实况，基本上反映了当时演讲会的情况。

　　1921 年 3 月 27 日上午，邓恩铭等邀请郭绍虞、赵捷先、王祝晨等演讲。"这一天的天气，颇为凉爽，而我们同人，很有热烘烘的精神，都于八点以前，到了会了，所请的讲演员，更为热心，都到得很早，于九点的时候，就开了会了。临时公推王志坚先生为主席，报告开会的宗旨及同人感激的意思。于是，讲演员继续讲演。（一）郭绍虞先生讲演，讲演的题目是《对于中学生研究国文应取的态度》;（二）赵捷先先生讲演，讲演的

---

[1]　中共山东省委党史资料征集研究委员会：《山东党史资料》1981 年第 2 期。

题目是《对于济南出版界的批评》;(三)王祝晨先生讲演,讲演的题目是《生子问题》。以上的讲演词,当时都有会员记录,以后当陆续发表。刘次萧先生、王静一先生、王翔千先生,没有讲演,他们预备的(演)说词,以后当在本刊发表。讲演完毕,继以谈话会。精神上觉得很活泼、很愉快。讲演员早退,我们同人又谈了一回,更有一种特别兴趣。至毕会时,天已十二点了。"

励新学会创办的《励新》半月刊,是会员发表文章的主要园地。《励新》以宣传新思想、介绍新文化、揭露社会黑暗、主张社会改革、倡导民众教育为主要内容。从现在发现的刊物看,内容主要集中在教育、婚姻家庭、妇女、新文化等方面。邓恩铭是《励新》的主要撰稿人之一。与此同时,邓恩铭还负责省立一中学生会的刊物《灾民号》的编辑出版工作。《灾民号》也是励新学会会员探讨问题的主要阵地,如该刊第一期共发表了七篇文章,其中五篇是励新学会会员邓恩铭、吴隼、王克捷、李震寰写的。

探索改造社会的道路

在这段时间内,邓恩铭在《灾民号》《励新》等刊物上发表了《灾民的我见》《改造社会的批评》和《济南女校的概况》等文章。这些文章,反映了邓恩铭关于人民群众以斗争求得彻底改变现状的思想。

在《灾民的我见》一文中,邓恩铭首先指出灾民产生的原因,他认为,"就是因为一般军阀、官僚、政客、资本家,'横征暴敛'、'穷奢极欲'才有灾民……"邓恩铭对灾民抱有强烈的同情心,要求人们关注灾民问题,他说:"社会上既有这般无衣穿,没饭吃,妻离子散,流离失所的灾民,我们有衣穿、有饭吃,一家团圆的,对于这些灾民应当怎么样?我想我们四万万同胞，彼此都是亲兄弟，难道我们就忍心看他们饿死、冻死吗？万不至于这样！一定想法子去救他们。"然后，邓恩铭对各种现行的办法提出了批评："我们单就赈灾一方面说，现在赈灾的办法，真是多极了。但是总括说来，大概都是不彻底的多，彻底的少，是目前的办法，不是将来的办法。我们为这种赈灾法，万办不到好处。何以见得呢？我要说他做不到好处，先要说他们如何的办法。他们的办法不外施钱、施米、施衣，等等一些皮毛办法罢了，何曾想到根本的打算。试问一般没有家、没有粮、没有钱、没有牲口、全体破产的灾民，每人给他十元、八元，就能养家活口吗？况且还得不到十元、八元呢？这种办法，我敢下一个武断的批评，这种徒顾目前的办法，一定'劳而无功'的。那末死的还是死，饿的还是饿，卖子女的还是卖子女，做土匪的还是做土匪，变为娼妓的变娼妓，结果灾民依旧是灾民。"最后，邓恩铭认为，只有灾民们彻底觉悟起来，认识到受苦受难的原因，改变不合理的社会现实，才能最终改变自己的处境，才是"无形的赈灾策"。谈到灾民的觉悟时，邓恩铭写道："我们为什么终年的劳动，一般军阀、官僚、政客、资本家，终年的安乐？为什么我们就穷的没吃没穿妻离子散？一般军阀、官僚、政客、资本家就坐汽车，打麻鹊牌，吃花酒呢？他们的衣食住一切都是他们的吗？不是，是我们一般苦同胞的。是我们一般苦同胞的血汗。那末我们就永远应该受他们的支配吗？要知道，若是再不设法子来对待他们这一般豺狼似的军阀、官僚、政客、资本家，以后就没有我们苦人过的日子了！"关于如何才能彻底改变现有状况，邓恩铭认为农民应当采取组织农团、设立农事改良所、设立乡村银行和乡村医院等办法来进行斗争。

五四运动后，以探索改造社会为目的的新思潮风靡全国。实用主义、基尔特社会主义、无政府主义、科学社会主义等各种观点互相攻讦，沸沸扬扬。邓恩铭在《改造社会的批评》中对当时流行的各种各样的改造社会的态度进行了分析。邓恩铭认为："自从新思潮流到中国以后，社会上就有了一种不安静的样子，于是改造社会的声浪，一天比一天高。按我们中国的社会情形说起来，这种改造的事情，一定免不了的，那么改造社会这种事情确乎是我们中国的一线生机了……"他把主张改造社会的人分为三类，即实行的、空谈的、盲从的。他对劳苦大众改造社会的强烈要求给予高度评价："从青年五四运动以后，东西洋社会学输到中国，于是一般受恶社会支配的——阶级低——贫——女子——人，都大半起来高唱改造社会。于是，罢工啦，罢市啦，罢课啦，家庭革命啦，社会公平啦，这种种的事体，种种的声浪，充满了我们的耳鼓。像这（样）的改造社会，实地练习，是实在的，是改造社会的先驱，是极有希望的！"文章激烈批评了那些"空谈的""盲从的"种种改造方案，指出："中国的社会一定是要改造的，但是我们去改造非脚踏实地从事不可，若是不然，恐怕我们改造社会不了，倒被恶社会支配。"①最难能可贵的是，邓恩铭在文章中提出了西方理论要与中国现实社会相结合、要适合中国社会状况的思想。他说："我们一般要去改造社会的，不能不仔细想想，要知道近来一般人说到西洋学说来，什么也是好的，不用心研究，要知道西洋社会情形与我们中国不同的地方很多，情况既是不同，那么，在西洋社会适合的，拿到中国来，更是洪水猛兽了。所以我们研究一种学说，必定要拿来与我们的比较，究竟不同之点在哪里，然后取长补短，才不至于徒劳无功。""所以现在我们一般高唱改造社会的，总要多多注意实际上才好。"②

妇女解放问题是当时励新学会会员关注的问题之一。《励新》半月刊和其他一些进步刊物上曾发表多篇文章进行讨论，如《励新》第一卷第一期载有陈汝美的《妇女解放的根本问题》、王克捷的《中国妇女解放的初步》、王尽美的《女子装束问题》等。邓恩铭积极支持妇女走向社会，如

---

① 《励新》第 1 卷第 1 期，1920 年 12 月 15 日。
② 《励新》第 1 卷第 1 期，1920 年 12 月 15 日。

他曾在一封给家乡女同学的信中写了一首名曰《平权》的诗：

男女平权非等闲，

木兰替父出戍边。

古今多少忠烈史，

谁谓女子甘痴眼。

以此鼓励女同学追求自由和解放。1921 年 1 月 15 日出版的《励新》第三期山东教育号（二）上刊载了邓恩铭的《济南女校的概况》一文。这篇文章号召女校学生快快觉醒，投身到伟大的社会改革运动中去。

文章的前半部分介绍了济南女子学校的情况。自 1908 年起，山东省城济南着手筹办官立女子师范学堂。1910 年，济南西关东流水第一虹桥女子小学堂正式改建为山东官立初级女子师范学堂。1912 年中华民国成立，官立女子师范学堂改称山东省立女子师范学校。同年，山东保姆养成所（幼儿师范性质的中等学校）在济南设立。1913 年，山东保姆养成所添设师范班，改为山东省立第二女子师范学校，山东省立女子师范学校改名为山东省立第一女子师范学校。1917 年，省立一、二女师合并，仍定名为山东省立女子师范学校。在此前后，还建立了女子职业学校和女子蚕桑学校及竞进、崇实、商埠女子小学，师范附属女子小学四所小学。济南女子教育很不发达，所有学生加起来不满千人，其中以省立济南女子师范学校人数为最多。接着，邓恩铭尖锐地揭露了这些学校腐朽的教育制度。他指出，省立济南女子师范等学校奉行的是封建的教育宗旨和管理制度，不许女学生参加社交，更不许过问政治，要求学生举止端庄，言行幽娴，毕业后做贤妻良母……他说："济南的女校，都是持禁锢主义，所以只要女生低头窗下，终日在故纸堆讨生活，他们就喜的了不得。外边的新思潮，无论怎样澎湃，他们塞耳不闻，就是有几位学生，想去尝试尝试，就遭师长的谴责；家庭知道，就说是大逆不道；同学背地里就冷讽热嘲，甚至于有当面骂他们的。"邓恩铭还分析了济南的女学生在五四运动中显得比较落后的原因：教育不良，社会黑暗，环境压迫和互助力薄弱。最后，他号召女学生认清自己的状况，起来为自己的权利进行斗争，"要知道男女平等，妇女解放种种事体，都是要你们自家做的"。

第四章

创建济南
共产党早期组织

山东共产主义运动的发起者

1920年秋，邓恩铭和王尽美等开始筹建济南共产党早期组织。1921年春，济南共产党早期组织建立。共产党早期组织在济南的建立不是偶然的，它与山东所处的位置、环境和当时社会状况密切相关。

济南共产党早期组织的成立，得到了共产国际和北京、上海共产党早期组织的帮助。早在1920年秋，苏共远东局经共产国际批准，派出的由维经斯基、马马耶夫及杨明斋等组成的俄共党员小组中的杨明斋，就与济南的王尽美、邓恩铭等有所接触。

杨明斋，1882年3月出生于山东省平度县（市）马戈庄。1901年3月，为谋生去海参崴，当过工人和记账员。1908年，杨明斋到西伯利亚矿区做工。十月革命前加入布尔什维克，并被安排在沙皇俄国的外交机关当职员，秘密为党工作。十月革命后，进入莫斯科东方劳动者共产主义大学学习。

济南共产党早期组织成立后，受北京、上海共产党早期组织的启发，开始探索马克思主义与中国工人阶级相结合的道路。当时，上海出版了《劳动界》，北京出版了《劳动音》等刊物。这些刊物用通俗易懂的文字，结合工人生活和斗争的具体事例，深入浅出地宣传马克思主义的基本道理，同时刊登工人来稿，用他们的亲身经历揭露中外资本家对工人的压迫和剥削，诉说工人的要求，启发工人的觉悟。王尽美、邓恩铭等开始转变单纯在知识界和青年学生中宣传马克思主义的做法，把目光投向产业工人。

山东产业工人阶级是伴随着外国企业在山东的设立，官僚资本企业、民族资本企业在山东的诞生而出现的。到1911年辛亥革命前夕，山东的产业工人总数在3万人以上。辛亥革命后和第一次世界大战期间，由于资产阶级革命运动的推进和欧洲列强暂时放轻了对中国的经济压迫，山东的民族工业进入一个较快发展时期，工人阶级队伍也随之发展壮大，到五四运动前夕，山东产业工人已发展到 10 万人左右，各业工人的总数达 60 余万人。处于苦难中的山东工人为改善自身的经济社会状况，曾进行了多次斗争。在五四运动中，山东工人阶级更显示了自己的力量，他们除参加各界群众举行的集会演讲和示威游行外，还多次单独集会。津浦铁路大槐树机厂（简称津浦大厂，今济南机车工厂）、电灯公司等厂的工人主动将学生请到厂内进行演讲，有的工厂还建立了"劳动五人团"和"救国十人团"等组织。

为了向工人宣传马克思主义，济南共产党早期组织成员组织了济南劳动周刊社，在济南《大东日报》副刊上创办了《济南劳动周刊》。《济南劳动周刊》的办刊方针为："增进劳动者的智识，提高劳动者的地位，改进劳动者的生活"。《济南劳动周刊》用通俗的语言和生动的事例，向工人进行马克思主义教育，宣传"劳工神圣"的道理，促进了马克思主义与工人运动的结合。

1921 年初夏，邓恩铭和王尽美、王荷波等，先后到济南著名的津浦大厂、鲁丰纱厂（今济南第一棉纺厂）开展工人运动，用通俗的语言揭露"我们种麦子，人家吃白面，还嫌白面不好吃；我们忙蚕桑，人家穿绸缎，还嫌绸缎不美观；我们编席子，自己睡空床；我们工作时，全身流血汗，三餐高粱把菜掺"的不合理现实，讲解"天下工农是一家，不分你我不分他，不分欧美非亚，英美日法俄德和中华，全世界工农联合起来吧，打倒官僚、地主、土豪劣绅"的道理，并帮助津浦大厂工人在中大槐树北街建立了具有工会性质的工人俱乐部，创办了工人夜校，组织工人学习文化和革命理论，启发工人的阶级觉悟和为自身的解放而斗争的自觉性和积极性[1]。

① 中共济南市委党史资料征集研究委员会：《中共济南党史大事记（1919.5—1949.9）》，中共党史出版社 1991 年版，第 64—65 页。

出席中共一大

1921 年 6 月，上海共产党早期组织在共产国际代表的帮助下，与当时在广州的陈独秀和北京的李大钊联络后决定在上海召开中国共产党第一次全国代表大会，并通知各地共产党早期组织派代表出席。

不久，赴上海参加大会筹备工作的北京共产党早期组织成员张国焘途中在济南停留了一天，与济南党早期组织成员的王尽美、邓恩铭等在大明湖游船上进行了一次畅谈。张国焘走后，邓恩铭和王尽美一起，作为被济南党早期组织成员推选的代表，也动身前往上海。

邓恩铭和王尽美抵达上海时，其他各地代表还未到达。除张国焘外，他们是外地抵沪最早的代表。至 7 月 22 日，北京、武汉、长沙、广州和旅日共产党早期组织的代表也陆续抵达。代表们以"北京大学暑期旅游团"名义大都寄住在上海党早期组织成员预先租下的博文女校。这是一座青红砖相间的二层楼房，位于上海法租界蒲柏路 389 号（今太仓路 127 号）。邓恩铭和王尽美住在靠西的后面一间房里，和湖南的毛泽东相邻。代表们的卧具大都是一人一张席子，睡在地板上。

邓恩铭和王尽美到上海后，把等待开会的时日，当成学习的好机会，贪婪地阅读有关书刊，而这些书刊在济南是难以看到的。他们还热情地同各组代表交谈，向他们求教工作和学习的经验，顿觉眼界开阔了很多。

1921 年 7 月 23 日晚，中国共产党第一次全国代表大会在上海法租界望志路 106 号（今兴业路 76 号）开幕。参加会议的代表有上海的李达、李汉俊，北京的张国焘、刘仁静，长沙的毛泽东、何叔衡，武汉的董必武、陈潭秋，济南的王尽美、邓恩铭，广州的陈公博，旅日的周佛海；包惠僧受陈独秀派遣，出席了会议。他们代表着全国 50 多名党员。共产国际代表马林、尼克尔斯基也出席了会议。

在一大代表中，邓恩铭是唯一的少数民族成员。

在开幕会上，共产国际代表马林和尼克尔斯基热情致辞，代表们商讨了大会议程和任务。第二天，王尽美和邓恩铭同各组代表一样，报告了济南的政治形势、党组织的简况及在宣传马克思主义和开展工人运动方面所做的工作。然后，会议进入起草和讨论大会文件的阶段。

在 7 月 30 日晚举行会议时，一个身穿灰色长衫的中年男子突然闯入会议地点探察。经验丰富的共产国际代表非常警觉，建议会议立即中止，代表们马上转移。十几分钟后，法国巡捕房果然包围了会场，但一无所获，悻悻离去。

在这种情况下，代表们经过商量，决定最后一天的会议转移到浙江嘉兴继续举行。

在会议上，邓恩铭和其他代表一起，对《中国共产党的第一个纲领》和《中国共产党的第一个决议》进行了热烈讨论。党的这两个文件，明确宣布了党的名称为"中国共产党"，党的纲领是"以无产阶级革命军队推翻资产阶级""采用无产阶级专政，以达到阶级斗争的目的——消灭阶级""废除资本私有制"，以及联合第三国际。文件提出党在当前的"基本任务是成立产业工会"，集中精力开展工人运动。文件十分强调党员的质量，"决定接受党员要特别谨慎，严格审查"。代表们讨论这两个文件时，尽管有这样那样的分歧，但正确意见终于克服了错误倾向，对《纲领》和《决议》取得了统一的认识。

最后，代表大会选举产生了党的中央领导机构。由于当时党员数量少，地方组织不健全，会议决定暂不成立中央委员会，先建立临时中央领导机构——中央局。选举陈独秀为中央局书记，李达负责宣传工作，张国焘负责组织工作，并由他们三人组成中央局。

在会议期间，邓恩铭给与会者留下了深刻印象，得到许多代表的称赞。

中国产生了共产党，这是开天辟地的大事变，中国革命的面貌从此焕然一新。

长沙代表毛泽东后来曾多次讲到邓恩铭和王尽美。1936 年他在延安同美国记者斯诺谈话时说道："王尽美和邓恩铭是山东支部的创始人。"1949 年新中国成立前夕，他对山东负责人又说，革命胜利了，不要忘记老同志。你们山东应当把王尽美、邓恩铭同志的情况搞清楚，应该搜集烈士遗物。

武汉代表董必武从 1929 年到 60 年代多次回忆党的一大时，多次提到王尽美和邓恩铭。1948 年，中共中央机关驻河北省平山县西柏坡村的时候，董必武担任华北人民政府主席，他在写给几位山东负责同志关于调查烈士事迹的信中，特别表示对王尽美和邓恩铭的怀念。

武汉代表陈潭秋 1936 年在共产国际刊物上发表回忆中共一大的文章中，亲切地写道："济南共产主义小组代表王尽美同志、邓恩铭同志，王、邓两同志那时是两个最活泼英俊的青年，后来王同志在努力工作中病死了，邓同志被捕，在济南被韩复榘枪杀了。"[①]

组织马克思学说研究会

中共一大结束后，邓恩铭和王尽美带着《共产党宣言》《马克思主义浅说》《工钱劳动和价值》等书籍回到济南。

一大之后，邓恩铭和王尽美进一步认识到宣传、研究马克思主义的重要性，开始酝酿以励新学会中信仰马克思主义的会员为骨干成立一个新的团体。

1921 年 9 月，王尽美、邓恩铭等成立了马克思学说研究会。这个新团体的名称是经过一番讨论才决定下来的。当时的马克思学说研究会会员

---

① 陈潭秋：《第一次代表大会的回忆》，《山东党史资料》1983 年第 2 期。

于佩文在后来的回忆文章中谈到了研究会成立的情况：那时"我还在济南省立一中读书，那时学校有一个师生合办的刊物《一中旬刊》，由我主编。因为旬刊社单独有一间工作的屋子，比较方便，所以王尽美、邓恩铭等同志便常到这旬刊社里来（那时王尽美同志在省立第一师范读书，邓恩铭同志在第一中学）。有一个晚上他们二位又到旬刊社找我，谈到各学校青年对马克思主义的爱好时，王尽美同志主张由我们几个爱好马克思主义的人组织一个团体，一面我们自己可以互相研究共同提高；一面可以把马克思主义向广大青年作系统的介绍。自然大家都同意了。关于名称的问题，我记得当时有人主张叫'马克思主义学会'，后来因为用'学说'，用'研究'等字样比较好一些，不致引起人们的注意。所以，就用了这个名称。"[1]

作为马克思学说研究会的重要成员，邓恩铭和王尽美、王翔千等一起，共同指导研究会的工作。他们接受励新学会组织松散，人员思想错综复杂等教训，决定把研究会组织成一个严格的团体，规定入会者要有会员介绍，而且必须思想信仰一致。马克思学说研究会会址设在济南贡院墙根街的山东教育会里，门口挂着"马克思学说研究会"的牌子，公开吸收会员，进行活动。每个会员发一枚瓷质圆形小徽章，上面印有马克思头像。其成员最初有王尽美、邓恩铭、王翔千、王象午、王复元、王用章、贾乃甫、马馥塘、鲁伯峻、于佩文、王辩等人，后来发展到五六十人。会员中不仅有知识分子，还有鲁丰纱厂、大槐树机厂等工厂的工人。后来，这些人大部分参加了中国共产党和社会主义青年团。济南马克思学说研究会同北京党组织领导的马克思学说研究会在思想上组织上保持着密切的联系。

马克思学说研究会是中共山东组织直接领导下的一个公开的学术团体。研究会的主要任务是组织会员读书，举行报告会。会员经常到研究会阅读刚刚翻译过来的马列著作和介绍马克思主义、苏俄情况的进步书刊。

---

[1] 于佩文：《马克思学说研究会成立前后》，《山东党史资料》1983年第2期。

会员每周六集会一次，有时举行讲演会，有时召开纪念会，有时分组进行学习和讨论。在会员的集会上，邓恩铭经常向会员介绍和分析马克思学说，发表自己的见解，并和会员进行热烈的讨论，相互交换各自的看法。许多济南马克思学说研究会的老成员，都曾回忆起当年学会学习马克思主义的热烈情景。马馥塘回忆说："马克思学说研究会的活动，主要是思想工作，会内组织读书，开报告会，记得曾读过《共产党宣言》和马克思的《工钱劳动与资本》等书。"[①] 于佩文回忆说："王尽美、邓恩铭二同志，到上海参加共产党成立大会回来，带回了一些党的宣传文件，如《共产党宣言》等小册子，在几个学校寄售。"还"带回来一些有关马克思主义的小册子和马克思、恩格斯的像（相）片、纪念章等，很快地被人们抢购一空了。"[②] 马克思学说研究会的读书活动使"更多的人知道了马克思，知道了马克思主义。"大家读得最多的是陈望道翻译的《共产党宣言》，会员马馥塘还把这本书带回家去，据马馥塘后来回忆："我父亲看了，极为称赞，说马克思是'圣人'，许多青年学了《共产党宣言》，而成为共产主义者，加入了青年团和共产党。"[③]

邓恩铭和马克思学说研究会的会员们，不是关起门来埋头读书，而是在读书的同时结合现实进行一系列革命活动。1922 年济南建立社会主义青年团后，研究会的许多成员成为团员。但是由于大部分会员参加了社会主义青年团，许多活动则往往以青年团名义组织，研究会的影响逐渐缩小。后青年团为了加强马克思主义的力量，整顿恢复了马克思学说研究会，并注意了以马克思学说研究会的名义开展活动。

① 马馥塘：《党成立前后山东地区的一些情况》，《山东党史资料》1983 年第 2 期。
② 于佩文：《马克思学说研究会成立前后》，《山东党史资料》1983 年第 2 期。
③ 马馥塘：《党成立前后山东地区的一些情况》，《山东党史资料》1983 年第 2 期。

莫斯科之行

1922 年初，邓恩铭作为山东共产党的代表参加了在莫斯科召开的远东各国共产党及民族革命团体第一次代表大会。这次大会是共产国际为抗衡西方列强的华盛顿会议而召开的。

1921 年上半年，共产国际执委会向中国、朝鲜、蒙古、爪哇等国共产党或革命团体，发出邀请书。1921 年秋中共中央收到伊尔库茨克共产国际远东局关于选派代表参加会议的通知，即刻分派包惠僧和周佛海赴长江一带、刘仁静到北方各主要城市物色、选派代表出席会议。10 月，刘仁静来到济南，与王尽美、邓恩铭协商出席会议的代表。王尽美、邓恩铭等山东部的党员经过反复研究，确定王尽美、邓恩铭、王复元、王象午、王乐平五人分别作为山东共产党、国民党及工人、青年等革命团体的代表参加中国代表团。

之后，邓恩铭和王尽美、王乐平等人一起，秘密着手赴苏俄的各项准备工作。他们从济南买了一批在俄国很畅销的昌邑绸子，扮作小商人，出山海关，经奉天（今沈阳）、哈尔滨，到达满洲里，找到了预定的联络点，然后乘火车前往会议地址——伊尔库茨克。当时，西伯利亚铁路虽然恢复通车，但由于火车没有煤烧，只能烧劈碎的木块，因此，每到一站，总要停十几分钟，加足了木块再开车。由于动力不足，再加上路基不平，火车走得很慢，整整三昼夜才到达伊尔库茨克。

在伊尔库茨克，当地政府盛情邀请邓恩铭等代表参加苏维埃大会和联欢会。西伯利亚的冬天，寒风凛冽，白雪皑皑，异常寒冷，气温总在零下三四十度。出生在中国南部贵州的邓恩铭从未遇到过如此寒冷的天气，但他的心里却像装着一团火，这团火驱走了严寒。

原定于 1921 年 11 月 12 日同华盛顿会议同时举行的大会，由于多数代表未能按期到达而延期。12 月，大部分代表陆续抵达伊尔库茨克。鉴于各国代表想到苏俄各重要城市参观及共产国际指导会议的方便，大会改在莫斯科举行。

1922 年初的一天，邓恩铭等乘坐载有中国、蒙古、朝鲜和日本代表的列车，到达莫斯科车站。莫斯科人民以高昂的国际歌曲、五颜六色的彩旗欢迎远道而来的客人。

1 月 21 日，邓恩铭和代表们一起，坐在克里姆林宫斯维尔德洛夫大厅，出席隆重的远东各国共产党及民族革命团体第一次代表大会。大会会场布置得庄严肃穆：主席台的正中上方是马克思的半身塑像；台额及廊柱间悬挂着用中、日、朝、蒙等文字书写的"全世界无产者联合起来""解放东方劳动者"字样的巨幅横联。参加大会的远东各国代表 148 人，其中中国代表团 44 人，分别代表中国共产党、中国社会主义青年团、中国国民党以及中国的工人、农民、学生、妇女等革命团体。

共产国际主席季诺维也夫宣布大会开幕。大会揭露了华盛顿会议的反动实质，分析和总结了远东各国人民开展革命斗争的情况和经验，并根据列宁关于民族殖民地问题的理论，阐明了被压迫民族所面临的反帝反封建的历史任务。中国代表也在大会上作了报告和发言。在中国工人代表作的《中国近代产业下底工人的状况》的报告中，专门谈到了山东工人运动的状况，指出：山东劳工会发行有劳动周刊，会员有 500 余人。山东劳工会是中国"几个较新的有实力的工会"之一。邓恩铭听了，感到十分自豪。2 月 2 日，大会在彼得格勒大剧院隆重闭幕。

列宁未能出席这次大会，但始终关心大会的情况。会议期间，中国共产党代表张国焘、中国国民党代表张秋白和中国铁路工人代表邓培受到列宁的亲切接见。列宁详细了解了中国革命情况，并对中国革命等问题发表了重要意见。他热诚地希望在中国实现国共两党的合作，推进反帝反封建的民族民主革命。

远东大会结束后，王乐平等部分代表即刻回国，邓恩铭和王尽美等则和部分代表留在苏俄参观。他们怀着极大的兴趣在莫斯科、彼得格勒等城市进行了参观访问。在莫斯科，参观了克里姆林宫、历史博物馆。在彼得格勒，参观了帝俄时代沙皇居住的冬宫以及十月革命起义的总指挥部斯摩尔尼宫。

此时的苏俄，历经四年第一次世界大战、三年内战，帝国主义的武装干涉虽然已被击溃，但远东个别地区还有小股白匪出没，其经济创痛巨深、百废待举，粮荒格外严重。面对困难，苏俄共产党人大多数充满克服困难的自信，不顾一切地与数不清的困难进行斗争。他们热情地奔走宣传党的方针，精神抖擞地参加共产主义星期六义务劳动。这些都是在半饥饿状态下进行的。当时，只含五六成，甚至两成面粉的黑面包实行限额分配：士兵每天二磅，工厂与铁路工人一磅半，机关工作人员一磅，而共产党员每天只分四分之三磅。面对苏俄的状况，有的代表不免疑虑重重，无政府主义者黄凌霜很表失望和不满。邓恩铭却把逗留苏俄的这段时间看作极为难得的学习机会，仔细地了解苏俄各族人民的情况。他目睹苏俄人民的革命精神，深受鼓舞。回国后，他经常与党员、工人谈论苏俄人民艰苦奋斗的事迹。

邓恩铭和代表们在苏俄，受到人民群众的热烈欢迎，生活上享受特别款待。他从中领受了苏俄各族人民的深情厚谊。邓恩铭还满怀喜悦地参加了星期六义务劳动。

1922 年三四月间，邓恩铭和王尽美先后回到济南。邓恩铭等在回国入境时，遇到匪人抢劫，至北京时旅膳费已用尽，幸得于树德的资助方才返回济南。

矿工的贴心人

到淄博去

邓恩铭、王尽美相继回到济南后，根据中央局的指示，把工作重点放在发展党的组织方面。据丁祝华回忆："1922 年三四月间，邓恩铭、王尽美先后回到济南，开展党的工作，发展党员。一天邓恩铭同志热情地向我介绍了他在苏联亲眼看到列宁领导苏联人民进行革命和苏联人民的生活状况，并指出我们中国也必须在中国共产党的领导下，走十月革命的道路。他要我联系一部分要求进步的青年和他认识，共同探求革命的真理。"[①]

1922 年 5 月，中共济南独立组建立，王尽美任组长。中国共产党第二次代表大会以后，中共中央特派陈为人到济南，指导党的工作。8 月，在中共济南独立组的基础上建立了中共济南地方支部，王尽美任书记。济南支部共有党员九人，即：王尽美、邓恩铭、王翔千、王象午、王复元、王用章、贾乃甫、郝永泰、张筱田。

邓恩铭等在建立中共济南独立组的同时，还致力于山东的工人运动。1922 年 5 月，王尽美、邓恩铭等建立了中国劳动组合书记部山东支部（亦称山东分部），王尽美兼主任。支部成立时发表宣言，宣布"中国劳动组合书记部山东支部，是由山东的一些劳动团体所发起的，是要将各个劳动团体联合起来的总机关；他的事业是要发达劳动组合，向劳动者宣传组合的必要，要联合或改组已成立的劳动团体，使劳动者有阶级的自觉，并要建立山东工人们或各地工人们的密切的关系"；号召全省工人"不分地域，不分男女老幼组织起来，成一个产业结合"，使劳动者"用他们的组织力，做奋斗的事业，谋改良他们的地位"。

---

① 丁祝华：《怀念战友邓恩铭》，《济南日报》1996 年 4 月 8 日。

1922 年，邓恩铭受山东党组织委派，到淄博矿区开展工人运动。

淄博，位于山东中部，包括淄川、博山、张店几个区域。从 19 世纪末，德、日帝国主义势力就先后在这里建工厂，筑铁路，开矿山，从而诞生了一支庞大的工人阶级队伍。1919 年时，共有矿工 2.5 万余人。王尽美、邓恩铭对工人集中的淄博矿区工作十分重视。早在 1921 年春，就派王用章到博山沙子顶煤井做工，相继发动工人。同年 5 月，《济南劳动周刊》创刊后，王用章又受王复元的委托在矿区散发《周刊》，向工人介绍苏俄情况，宣传济南及各地工人的运动，启发工人的阶级觉悟，在矿工中产生了良好影响。1921 年初冬，王尽美陪同北京马克思学说研究会书记、中国劳动组合书记部主任、中共北京区执行委员会书记罗章龙到博山城近郊煤井，考察矿业工人的劳动生活状况，物色工运先进分子，开展工人运动。

党组织之所以派邓恩铭到淄博，是因为他的叔父黄泽沛在淄川任县长，便于开展工作。1921 年前后，黄泽沛出任淄川县长。他为官清廉，思想开明。任县长后，命令在淄川城里悬挂木牌标语，上写："烟酒嫖不是好人干的，贪赃枉法者男盗女娼；小辫子不可留，剪去；小脚不可缠，放开……"这些标语在淄川乡民中很受赞许。当时，昆仑一带遭蝗灾，他便亲自到田地里和乡民一起除蝗灭灾。人们常常看到他骑着一头小毛驴到乡下了解民情，因之人们称他是"黄小驴县长"。黄泽沛的为人，对邓恩铭影响很深，后来邓恩铭从淄川发出一封家信说："二叔做官数年，一清到底，到那里，那里的百姓没有不爱戴的，所以名誉很好。"

1922 年三四月间，邓恩铭到淄博，住在淄川县公署。他利用黄泽沛当时的社会地位作掩护，广泛接触各阶层的人物，了解淄博的社会状况，特别是淄博工人的状况。黄泽沛节日宴请淄川县社会各界人士时，常让邓恩铭作陪，这为邓恩铭开展工作提供了很大便利。

把心血融入矿业工会淄博部

淄川的青年知识分子是邓恩铭争取的主要对象。他经常到淄川第一高等小学找进步教师谈心，了解社会情况、教师的生活和政治态度，宣传马克思主义和革命道理。当时任淄川第一高等小学校长的冯乃章在后来的回忆材料中写道：

我原是济南第一师范的学生，参加过五四运动。五四运动的后一年（1920年）毕业。在邓恩铭的叔父黄泽沛来淄川当县长（知事）的前一年到淄川第一高等小学当校长，一直当了八年。

邓恩铭住在淄川县公署内黄泽沛处。黄县长在请客时，常请我作陪。我在宴会上见到过邓恩铭。

那时淄川第一高等小学是县的文化中心，对促进当地民众思想进步很有影响。邓恩铭常到学校里去，经常和赵豫章等人往来，与郭粹甫的关系也很密切。赵豫章是我下一级的同学，淄川县池子头人，他思想进步。郭粹甫又名郭方纯，是淄川模范小学的校长，我的小学同学，关系很好，当时也住在我们学校里。我还有个同学闫守柏，入党很早，比邓恩铭来淄川早。他来时也住在我们学校里①。

邓恩铭在淄川的活动，为淄博党组织的建立奠定了基础。据赵豫章回忆：

邓恩铭在淄川没有职业，但是积极做党的工作，宣传革命道理。当时

① 冯乃章：《邓恩铭来淄川□□革命活动》，中共淄博市委党史资料征集研究委员会：《淄博星火》（内部本），第168页。

我在淄川当小学教员（1923 年 2 月到淄川县立小学当教员的）。小学与县政府相隔不远，邓恩铭经常到学校串门，谈论政治影响我。他觉得我忠实可靠，要求进步，并了解到我曾参加过五四运动，革命性强，就向我宣传革命道理，并且征求我"愿不愿参加共产党"，我表示愿意参加。就这样，通过邓恩铭介绍，1924 年 3 月我参加了中国共产党①。

在淄川，邓恩铭经常深入到煤矿，了解工人的生活状况。他对矿工的生活充满深深的同情。淄博各煤矿的工人，有从外县招来的，多是章丘、莱芜县（市）人，他们每天工作十几小时以上。最为悲惨的是采煤工，他们实行 24 小时大班工作制，没有星期天、节假日，一年四季都在井下劳作，长年不见阳光。矿工中流传着一首歌谣，诉说他们的悲惨情况："来到井下用目观，好像地狱无二般，来往伙夫（即采煤工）如鬼状，监工把头赛判官。"采煤工"下班时，都穿着破烂的衣服，右手提着篮子，盛有余剩的食物，浑身上下都成煤色，仅露有雪白的银牙，各人都到肮脏且窄狭的池塘内沐浴。完毕，离家近的回到家去，或助农作，或赌博。有的节省，每日还能剩下少许，留作家用，有的当日就用尽。来自外县的，下班有工头预备的黑暗的屋，里面极窄狭，有的还有铺的席，有的就是土地……"②

矿工们除承受超强度的劳动和资本家的无限度的榨取外，还遭到矿主的愚弄和欺凌。矿主愚弄工人的方法是，设立赌窑，雇佣赌棍，诱骗工人钱财。矿工每日除睡觉外，就是吃酒、赌博，非将所得工资用尽不可。没有这种坏习惯的人很少。邓恩铭深知，唤醒这些人，决非轻而易举的事情。但他也知道，这些工人一旦醒悟，就会爆发出无穷的力量，就会把这个万恶的旧世界翻个底朝天。因此，他不辞劳苦，深入矿区和附近的农村，了

第五章·矿工的贴心人

---

① 赵豫章：《邓恩铭在淄川介绍我入党》，中共淄博市委党史资料征集研究委员会：《淄博星火》（内部本），第 171 页。
② 《淄川博山矿业工人生活调查表》，《十日》第 28 期、第 29 期，1924 年 7 月 15 日。

解矿工及其家庭生活。邓恩铭风尘仆仆，往来奔波，在百里矿区数万名机器工人、采煤工、石匠、铁匠、水夫、伙夫、头役中间开展工作。他苦口婆心地教育工人团结起来，向帝国主义者和资本家进行斗争。一把筷子合在一起不易折断的道理，不知向工人讲了多少遍。邓恩铭的工作取得了成效，工人们对他产生了好感，渐渐围拢在他的身边，听他讲闻所未闻的革命道理，慢慢地觉醒了。一些沉溺于赌场的矿工开始戒酒戒赌。许多矿工逐渐明白，"我们工人是很可尊贵的，是很有能力的"。

在邓恩铭开展活动的同时，王用章、王尽美也先后来到淄博矿区。王用章参加过1922年5月在广州召开的第一次全国劳动大会后，即返回博山县沙子顶煤井，在博山、淄川一带矿区发起筹建矿业工会。1922年6月初，王尽美到博山，和王用章等人一起，深入到淄川、十里庄、南旺、大昆仑、南定、西河等矿区工人中，了解工人的劳动生活状况，向工人们宣传革命道理，启发工人组织起来，建立自己的组织，谋求自身的解放。

在邓恩铭、王用章、王尽美的发动组织下，1922年6月25日，淄川煤矿工人代表和南定、博山、西河一带的煤矿工人代表250多人，在洪山镇马家庄旧机器图算学校召开山东矿业工会淄博部发起会。会后，王尽美撰写了《矿业工会淄博部开发起会志盛》一文，热情赞颂淄博矿工的觉悟，称赞矿业工会淄博部的成立是"中国劳动运动之曙光""山东劳动界空前之盛举"，同时兴奋地指出："劳动运动的新潮，中国比起各国来已经落后又落后了，尤其在中国北方的山东省，更是长夜漫漫，不见一线曙光。又谁知历来处在黑暗势力之下的矿工厂里，竟于不知不觉之中发生此空前的盛会，真令人惊异！真令人佩服！我们在欢乐到无所置词了，只有表示一百二十分的诚意，欢呼：山东矿业工会淄博部万岁！全世界无产阶级联合起来呀！"矿业工会淄博部的成立，融进了邓恩铭的大量心血。

追求自由婚姻

到 1922 年，邓恩铭离开家乡已有五年之久了。思乡之情无时不在困扰着他。1922 年初，当他听说北京大学收集各地歌谣，准备出一本全国歌谣集时，马上想到了家乡和自己儿时吟唱过的歌谣。4 月 6 日，邓恩铭给父亲邓国琼写信，让父亲帮助他收集歌谣。他在信中写道：

现在北京大学收集各地歌谣，出一本全国歌谣集。

我们荔波是各省人会住的地方，记得小时唱的和听的歌谣很多，可是现在已记不清楚了，所以写信回来找。

收集有两个法子：（一）办一两桌酒席，约请本城年纪高的老太太们（黄婆、吴大奶等），只要能唱歌就请，不管亲戚不亲戚。再请一位抄写。（二）买一些花生、糕、果子之类，请各家的小孩子来，问他们能唱什么歌，就唱，也写下来。再，本地歌、水家歌、苗歌，能找人把他们的歌记其大意来更好，此事可同学校教员们商量才好。

歌谣写好后，千万早日挂号寄来[①]。

这期间，邓恩铭的父母按照当地风俗，给远在千里之外的恩铭早早定了亲，并屡屡催促他回家完婚。具有新思想的邓恩铭对这种毫无感情基础的封建包办婚姻极为不满，一再要求退婚。

1922 年 8 月 29 日，他就父母包办其婚姻问题写信谈了自己的想法，规劝父母抛弃陈旧的观念。他写道：

父母辛苦费力哺养儿女，处处总为儿女好！不过一时比一时不同，从

---

① 柏文熙、黄长和：《邓恩铭遗作选》，贵州人民出版社 1990 年版，第 11 页。

前是好的，现在难免成坏的了。一件事本为儿女好的，那晓得反到害起儿女来，比比皆是，最头痛的就是替儿女订婚。男并不是瞎说，看看梁老顺爷、珠姐、大姐，就知道了。唉！父母的一片好心，做儿女的无有一个不感激，不过盼望做父母改换改换方法来爱儿女就行了……弟弟妹妹们都长大了，不读书也要饭吃，读书也是一样吃饭。所以，无论如何总要叫他们念书。如今贵阳设女子师范了，三菊用用功，可以送到省城读书去，钱不够，我可以在这边想法子。此刻比以前不一样了，男女都是一样，男子能做官做议员等等，现在女子都能做了。总而言之，叫做男女平等①。

邓恩铭这封情真意切的家信，反映了他追求婚姻自由，主张男女平等的思想。

建立中共淄博矿区支部

1923年后，邓恩铭主要在青岛开展党的工作，但他仍关心着淄博的革命斗争，并不时回到淄博进行指导。

1923年10月，中日合办的淄川炭矿，即鲁大公司的资本家为了攫取更大的利润，将煤矿里工的工作时间从每天8小时延长为12小时，同时，一下裁减1000多名工资较高的里工。邓恩铭得知这一消息，异常愤怒，立即与正在青岛的王尽美商议发动工人进行斗争，并撰文揭露中日资本家压迫剥削工人的罪行。王尽美亲赴淄博领导斗争。1923年10月19日，邓恩铭致信刘仁静说："现淄矿因裁工事起，尽美已赶去活动，此时如得胜利，则山东在掌中矣。"②11月21日，邓恩铭再次致信刘仁静，报告淄川炭

---

① 柏文熙、黄长和：《邓恩铭遗作选》，贵州人民出版社1990年版，第14—15页。
② 中央档案馆、山东档案馆：《山东革命历史文件汇集》（甲种本第一集），第28页。

矿方面的情况：由于时间紧急，斗争未来得及开展，被裁的工人只好含恨回家，无家可归者便流落他乡，另谋生路。1924 年初，鲁大公司又酝酿第二次裁人减薪。工人们由于目睹了第一次被裁工人的悲惨处境，颇感恐慌。王用章抓住这一时机，秘密进行活动，发动工人成立了学艺研究社（后改名为公社聚蓄社）。研究社的宗旨是：学习技艺，联络感情，团结工友，维护工人利益，反对裁减工人。工人们纷纷报名参加，两周内就发展到 1000 多人。

1923 年 11 月，中共北京区委派王振翼来山东巡视工作。邓恩铭在青岛向他汇报了淄博的情况并介绍其去张店和淄川。王振翼到淄川和张店后与小学教员、工人进行谈话。当时，淄川小学教员正要组织全县小学教员联合会，王振翼给予了指导。1923 年 11 月 26 日，王振翼在关于巡视山东工作情形给刘仁静、恽代英、邓中夏的信中说：

在张店与七八位工友谈二点多钟。在淄与二小学教员谈三点余钟，他们正要组织全县小学教师联合会。我同他们谈了些组织法，这是恩明（铭）兄介绍我去的，结果很好①。

同月，山东省军阀政府扩大苛捐杂税，增设了教育捐。为发动群众进行抵制，中共济南地执委发出通知，要求联络各县，组织反抗。受邓恩铭教育的赵豫章、冯乃章等淄川的教师和社会贤达，积极响应这一号召，深入大昆仑车站附近的炭栈，发动工人，联络炭商，多次向县政府提出交涉，要求政府免征教育捐，支持兴办地方教育事业。通过炭栈工人、学校教师和社会贤达的共同努力，终于取得胜利。随后，即用这次斗争取得的款项，在大昆仑村东首租地创办了一处两级小学，定名为淄川县昆仑乡公立两级小学校，学校属炭业商办，不收学费，并免费供给学生书籍、制服。

---

① 中央档案馆、山东档案馆：《山东革命历史文件汇集》（甲种本第一集），第 63 页。

邓恩铭对赵豫章等人策动的这次斗争极为赞赏。1924 年 3 月，他来到淄川，介绍赵豫章加入了中国共产党，介绍郭粹甫、周济南参加了社会主义青年团。邓恩铭还同赵豫章一起到淄川、博山，深入工人家庭与工人谈心，了解工人劳动、生活情况，启发工人组织起来进行斗争。1924 年 3 月 18 日，邓恩铭在青岛给刘仁静的信中高兴地说：

淄川方面，当我在家时，既已联络数人，现已加入。他们在本县很能活动，并且现在又在胶济支路大昆仑站联合矿商抵抗城内一般劣绅。现将争回之捐办一两级小学，校内大约有同志数人。此地将来或者可与张店合组，不过是否合组，请你们指导①。

在淄博矿区，除邓恩铭进行活动外，王用章、王尽美也经常去发动工人，发展党员。1924 年 5 月，中共中央委任王用章为驻淄博特派员。此时，淄博有九名党员，即王复元、王用章、周宪章、王敬斋、赵豫章、于占麟、张凤翔、史长森、郑子洲，已具备建立党组织的条件。7 月，中共淄博支部（亦称中共淄博矿区支部）建立，直属中央领导。淄博支部，是山东省继济南、青岛两个直属中央支部后的第三个直属支部。

—— 邓恩铭 ——

① 中央档案馆、山东档案馆：《山东革命历史文件汇集》（甲种本第一集），第 93—94 页。

第六章

播火岛城

奔赴青岛

1923 年 4 月，邓恩铭受中共济南地方支部委派，赴青岛开展工作。

青岛，位于胶东半岛南端的黄海之滨，濒临胶州湾，背山面海，气候温和，夏可避暑，冬可避寒，自然环境优越。邓恩铭刚到青岛时，被蓝天、绿树、碧波、银浪、飞鸥、层楼、红墙等怡人的自然和人文景观所吸引。但随着对这座城市的历史和社会状况了解的加深，他逐渐感觉到在这美丽的景观后面隐匿了重重的罪恶。青岛的社会状况与西方列强对中国的侵略息息相关。五四运动后的青岛，更为国内外所瞩目。邓恩铭知道，在这里建立党、团组织，开展工人运动，会遇到许多意想不到的困难，不但要遭到封建军阀的压制，而且更要面临着帝国主义的干涉。

随着西方列强对中国的入侵，胶州湾成为英、法、德、俄、日等帝国主义觊觎的目标。最早注意胶州湾的是英国。1861 年，英国军舰"得福"号侵入胶州湾，进行水文测量活动。1884 年中法战争爆发后，法国也多次声称"将由胶州进图北犯"。清朝政府闻讯大惊，急令在山东、直隶（河北）、奉天（辽宁）采取有力措施，严密防守。山东巡抚遂向胶州湾口东侧的青岛口派出 200 名士兵驻守。这是迄今所发现的清代最早在青岛口驻兵的史料记载。中法战争后，清政府设立了海军总理事务衙门，由醇亲王奕譞和北洋大臣李鸿章主持海军事务。李鸿章派人赴山东、河北、辽宁等地勘查各海口，选择合适的海军基地。1886 年 3 月初，道员刘含芳奉命赴胶州湾实地勘查。刘含芳回复时，认为胶州湾形势不及旅顺、威海，断定胶州湾"地势偏僻，断非目前兵力、饷力所宜用"[①]，否定了将胶州湾作为

---

① 李鸿章：《李文忠公全集〈海军函稿〉》第 1 卷。

海军基地的计划。不久，中国驻德国公使许景澄、御史朱一新又分别奏请在胶州湾设立军港。慈禧太后又令李鸿章详细勘查回报。于是，李鸿章派北洋水师统领丁汝昌和英国顾问琅威理再赴胶州湾勘查。两人经勘查后认为胶州湾湾阔水深，形势险要，是一理想海军基地。但李鸿章终因经费和兵力不足而否定了胶州湾建港意见，专力建造旅顺口和威海卫。1891 年，旅顺、威海海军基地已初步建设完毕，李鸿章呈请清政府在胶州湾设防，得到同意。1892 年，登州镇总兵章高元率领四个营的兵力（约 2000 人）进驻胶州湾口东侧的青岛村一带设防。

章高元到青岛后，修筑了青岛口通往内地的大路，建筑了团岛、前海沿、鱼山等三处炮台，修建了总兵衙门、四座兵营以及火药库、电报房等。1893 年，在前海建造了铁质结构的栈桥码头。随着码头和大路的修成，青岛口的经济贸易日渐兴盛，出现了货栈相连、商贾云集的繁荣景象。

胶州湾的日渐繁荣更使帝国主义垂涎三尺。俄国和德国均企图染指胶州湾。1896 年 8 月，德国舰队司令亲临胶州湾进行调查，确认胶州湾为长年不冻港。接着德国政府即向清政府提出了租借胶州湾的无理要求。1897 年 5 月，德国派著名筑港专家到胶州湾，对地理位置、水文、人口、经济状况以及今后的发展意向等作了详细调查。1897 年 11 月，德国以巨野教案 [1] 为借口，强行占领胶州湾。1898 年 3 月 6 日，清政府被迫同德国签订了《中德胶澳租借条约》。条约规定：德国租借胶州湾为军港，以 99 年为限；租借区内，德国得行使主权，建筑炮台，定立章程等事；中国允许德国在山东修筑两条铁路，在铁路沿线 30 里内享有开矿权；德国在山东省内开办各项事务中享有优先权；等等。

德国侵占胶州湾的目的，既是为其日益强大的海军获取一个海外基地，

---

① 巨野教案，又称曹州教案，指 1897 年德国天主教神父能方济和韩·理加略在山东曹州巨野县因欺压群众而被杀事件。

以确保德国在太平洋的军事地位，又是为将青岛建成德国的商业贸易中心和自由港。为达到目的，德国政府制定了庞大而周密的计划，调集大批军队和技术人员，拨出巨额资金，进行大规模的军事、港口、铁路和城市建设。到1914年，终于将青岛建成了具有一定规模的近代化城市。在这期间，工人阶级队伍也随之发展壮大。据统计，到1910年，青岛的工人数量已达一万五六千人，其中40%为产业工人。

第一次世界大战爆发后，羽翼渐丰的日本帝国主义者趁德国在欧洲战场厮杀，无力东顾之机，夺取了德国在青岛的权益。青岛人民又陷入日本帝国主义殖民统治的深渊。

日本侵占青岛后，宣布在青岛实行"军政"统治，接收了德国的所有权益，设置了空前庞大的殖民统治机构。生性贪婪的日本侵略者对青岛和山东实行空前的大掠夺，日军一入城，即将德人在青岛的产业和中国居民的大批房屋财产掠为己有；对属官办的港口、铁路、矿山、房产、工厂等实行了全部接管；对德国的商办企业强行入股收购，改为日资企业。日本政府为长期霸占青岛，大力鼓励日本人移居青岛和投资办工厂、商行。到1921年，青岛日侨人数已达24551人，几占全市居民的八分之一。同时，由于战乱，大批中国人涌入青岛，他们建房居住，投资办厂，致使青岛的市区面积较德占时期扩大3倍，台东、四方、沧口等地已成为工业集中地区。

随着工商业的发展，青岛工人阶级的队伍也不断壮大。据统计，日占末期，青岛工人总数已近五万人，其中产业工人占一半以上，他们主要集中在铁路、港口、纺织、建筑等行业。

五四运动后，中国人民为争回青岛主权，继续进行了不妥协的斗争。1922年2月，中国政府和日本签订了《解决山东悬案条约》。这个条约，一方面规定由日本将侵占的德国旧租借地归还中国，另一方面又规定中国必须将青岛全部开为商埠，准许外国人自由居住、经营工商业和其他职业，同时还规定中国应以巨款赎回胶济铁路和日本在青岛的特权等。这样一来，名义上中国收回了胶州湾和青岛，实际上是由日本独占转由帝国主义列强共管。由于历史的原因，日本在青岛的势力占有重要的地位。

1922年11月，北京政府宣布，青岛收回后开辟为商埠，设立胶澳商埠督办公署，直属北京中央政府。12月10日，中国正式收回了青岛主权。

青岛党、团组织的奠基人

邓恩铭到青岛后，寄居在胶澳商埠公立职业学校。职业学校，是青岛收回后由中国政府自己创办的第一所学校，校长是邓恩铭在省立一中的老师王静一。

王静一思想进步，与王尽美、邓恩铭等联系密切，济南共产党早期组织在《大东日报》上办《济南劳动周刊》时就曾得到他的帮助。邓恩铭住在职业学校一间简陋的日本式小房内，他生活非常俭朴，室内只有一个小煤油炉子，一把小水壶，一个小办公桌和一张旧木床，床上堆着破旧被褥。居住下来后，邓恩铭与早在胶澳商埠办公署工程科任职的共产党员王象午取得联系，商讨筹建党、团组织问题。

王象午，又名王翔舞，1898年生，山东省诸城县（市）人。他原是济南工业专科学校的学生，曾与邓恩铭、王尽美一起创办康米尼斯特学会和励新学会，担任励新学会交际员和《励新》杂志编辑。其间写过具有鲜明的马克思主义观点的文章，成为济南共产党早期组织的成员之一。1921年初，他在《励新》杂志上和王尽美、邓恩铭等讨论教育问题，发表《山东的实业教育》一文，提出改革教育必须改革社会，就像对待恶疮一样，"非用极利的刀子，将那腐烂的全行割去，再设法调剂，是不成功的"。同年7月间，他又在《新山东》第一号上发表论文《山东建设问题》，更加明确、具体地提出："山东非把政治夺到全体人民手里，无从建设。山东非把土地同生产事业夺到全体人民手里，无从建设。山东非把土地同生产事业夺归人民公共掌握，不能建设在永久和平共同福利的基础上。……山东非把山东的、中国的、世界的军阀打破，不能单独建设，以免一切的'残暴'同'侵害'。……山东的建设，要改革社会，统一中国，策进世界！"

邓恩铭和王象午经过商议后，决定首先与在济南认识的现在青岛工作的进步青年取得联系，共同开展工作。这样，邓恩铭就和在胶澳商埠电话局当司机生的赵鲁玉和在青岛普济医院当护士的丁祝华取得了联系。

赵鲁玉，于1901年生于山东省益都县，其兄赵畸（又名赵海秋、赵太侔），1907年在烟台读书时，经丁惟汾、王乐平介绍加入同盟会。赵畸和王乐平的关系极为密切。赵鲁玉颇受其兄和王乐平的影响。她在本县读完中学后，经王乐平推荐，东渡日本留学。回国后在济南商埠一家日本人开办的医院当护士。后来，在王乐平处与王尽美、邓恩铭和王翔千等人相识。通过和邓恩铭等人交往，赵鲁玉经常阅读进步书刊，如《共产党宣言》《向导》《中国青年》等，思想觉悟不断提高。1923年初，赵鲁玉经友人介绍，进胶澳商埠电话局当司机生。邓恩铭与丁祝华在五四运动期间就有密切交往。自幼就喜欢学医的丁祝华因家庭困难，未能如愿。1923年3月，在济南女子师范学校读书的丁祝华听说青岛普济医院招考护士，就以母亲有病请假探亲为由，去青岛应试，结果被录用。

邓恩铭向赵鲁玉、丁祝华谈到国际国内的形势，在青岛建立党、团组织的重要性和任务，希望她们加入到革命行列中来。两个人慨然应允。

当时，为便于开展工作，邓恩铭经王静一介绍，谋得《胶澳日报》副刊编辑一职。由于编辑工作需经常外出，所以和中央联系比较困难，邓恩铭决定动员丁祝华改行做教员。这样，除规定的上课时间外，丁祝华可以自由支配其余的时间，来进行党的工作。丁祝华回忆说：

1923 年 5 月下旬，我回济南女子师范参加毕业考试，刚笔试完，就突然接到青岛发来的电报，叫我"速回"。到青岛之后，才知道是邓恩铭同志要我速回，有要事相告。

邓恩铭同志说："根据目前形势的发展，你必须改行当教员。"

"我想学医，将来干一番事业，目前工作很顺利，为什么要改行？"

邓恩铭看我思想一直想不通，便耐心地开导我说："我的住处你知道，经常变，到处跑，没有妥当的通讯地址，和中央联系有困难；你在医院工作，天天忙忙碌碌，没法外出活动；你住集体宿舍，党内文件不好保密；当教师比较自由，有假期，便于外出活动，或租居单人宿舍，或在学校里住，便于保管文件，你代我收邮件，我来取，为避免别人怀疑，我改名姓丁，叫丁又铭，咱俩以姐弟相称。"

6 月初，邓恩铭同志安排我到中国青年会附设的模范小学当教员（校址是现在的青岛湖南路 51 号）。开始大半年工作顺利，我和赵鲁玉一起常到邓恩铭同志处开会，党内的信件由我转递，记得中央自上海给邓恩铭同志汇过两次党的活动费，是寄到我这里来，由我代转的。我还把收到的《新青年》、《向导》周报等邮件，按我的"朋友"、"亲属"的地址寄出去。邓恩铭同志常来我所在的学校，给我们谈形势，布置任务，有时把一些进步刊物带到四方、大港、仓口等产业工人集中的地方，向工人们宣传，启发他们的觉悟，号召他们组织起来和帝国主义、资本家进行斗争[1]。

邓恩铭利用住在职业学校的便利条件，与职业学校的进步学生建立了密切联系。他为人热情，待人和蔼，思想敏锐，平日不大说话，像是讷于言词，但讲起革命道理，却能侃侃而谈，是非分明，很快获得职业学校进步学生的好感。如职业学校学生李松舟，在青州山东省立第四师范读书时，曾参加过王翔千组织的读书会，阅读过进步书刊，后因闹学潮被校方开除，又考

---

[1] 丁祝华：《回忆战友邓恩铭》，《济南日报》1996 年 4 月 8 日。

入职业学校。经人介绍，他与邓恩铭相识。他说："一进其（指邓恩铭——作者注）寓所，则见新书新报充满房屋，大为喜欢，以为今后有书可读了。"[①]

在与进步师生的交往中，邓恩铭常以赠送或推荐阅读进步书刊的形式来传播马克思主义，介绍俄国无产阶级革命的情况。他还经常组织座谈会，交流阅读心得，探讨马克思主义的理论问题。

一次，邓恩铭邀约进步学生许兴业、李松舟等七八人，在胶澳商埠工程事务所所长唐恩良家中举行座谈会。座谈会上，他们联系当时的社会形势，畅谈了阅读进步书刊的心得体会，邓恩铭也谈了自己的体会，并阐述了将马克思主义用于改造中国的重大意义，同时向与会者赠送了《向导》《中国青年》等进步书刊。

在邓恩铭的引导下，这些进步学生很快地接受了马克思主义思想，后来成为青岛共产党组织和社会主义青年团组织的骨干力量。为了团结更多的青年学生，邓恩铭决定以职业学校进步学生为主体，组织胶澳商埠公立职业学校学生自治会。他帮助起草制定了自治会章程。自治会采用委员制，郝骏夫等担任了委员。邓恩铭在 1923 年 10 月 18 日给中国社会主义青年团中央执行委员邓中夏的信中说："职校自治会已成立，采委员制，内中已有同志数人，前途极有希望。"[②]邓恩铭还设想以自治会为基础，联络其他学校的学生，成立青岛学生总会，把青岛学生组织起来，共同进行革命斗争。

在邓恩铭的努力下，青岛建立党、团组织的条件逐渐成熟。1923 年 10 月中旬，王尽美到达青岛，与邓恩铭共同介绍延伯真入党，这样，青岛就有了邓恩铭、王象午、延伯真三名党员。从此，开始筹建青岛党的组织——中共青岛组[③]，邓恩铭为负责人。

---

① 中共青岛市委党史资料征委会办公室、青岛市档案馆：《青岛党史资料》第 1 辑，第 79 页。
② 中央档案馆、山东档案馆：《山东革命历史文件汇集》（甲种本第一集），第 25 页。
③ 关于中共青岛党组织建立的时间，有 1923 年 8 月、1924 年 5 月等说法。我们认为是 1924 年 5 月。

延伯真是山东省广饶县人。1916 年秋至 1921 年夏在山东省立第一师范学校读书。毕业后到山东博兴县当了半年师范讲习所教员，后又到平阴县当教员。在此期间，延伯真一直想探索乡村教育的道路和方法，但由于封建顽固势力的阻挠，没有任何结果。1922 年底，延伯真到青岛，在北京街小学当主任教员。他在后来的回忆中详细记述了邓恩铭对他的影响和加入中国共产党的情况：

> 1923 年，青岛刚由日本帝国主义手中赎回来。在那里有不少的奴化学校被接收，我找到了一个小学教员的位置（青岛市教育科长是原济南省立一师的学监）。有个国民党员接近了我，给我孙文学说和三民主义的书看（第一次国共合作）。自那时起，我经过了许多社会波折，认识到政治问题不解决，什么也谈不到。
>
> 中共党员邓恩铭，同国民党员掺杂在一起工作。他把关于无产阶级的书给我。我看过一册关于唯物史观的日译小册子，记得其中两句"不是人的意识决定社会的生活，而是社会生活决定人的意识"，从此，我的思想上有了些新的认识，对于一切问题都想去追求它的根源。
>
> 有个国民党员告诉我说，邓恩铭是个共产党员。从此，我才知道中国有个共产党。说的人本想叫我不亲近邓恩铭，但是同声相应，同气相求，我们反而更亲近与密切了。不久，王尽美同志（他是山东党的第一个负责人）到了青岛。我就被邓恩铭、王尽美介绍加入中国共产党（对国民党方面是保密的）①。

青岛党组织筹建中，邓恩铭又筹备建立了青岛社会主义青年团。

邓恩铭是中国社会主义青年团济南地方团成员。1922 年 9 月 16 日，在济南大明湖畔的李公祠，举行了中国社会主义青年团济南地方团成立大会。在济南的团员邓恩铭、王复元、王象午、王用章等人参加了大会。邓

---

① 中共青岛市委党史资料征集研究委员会：《青岛党史资料通讯》1986 年第 3 期。

恩铭在青岛职业学校等处团结了一批进步学生，成立青岛团组织的条件日趋成熟。1923年10月19日，邓恩铭在给团中央执行委员会委员刘仁静的信中说："我在此实好似穷困之孤军奋斗，并且奋斗的结果而差强人意，预料不久可把青岛的 S.Y. 组成。"10月21日，邓恩铭给刘仁静的信中又谈道："此间已得同志十余人，想在最近期内把地方组织成立。不过此十余人中工方同志仅一。"[①]

邓恩铭在青岛的工作得到了团中央的充分肯定。团中央决定派王振翼以团中央巡视员的名义到山东检查指导工作。10月30日，王振翼在济南地方团召开的全体团员大会上指出，他的任务就是改组济南地方团组织，并到青岛组织青年团。王尽美在会上也谈了发展团的计划，认为将来山东青年团组织可发展为济南、淄博张店和青岛三个地方团。

王尽美在青岛期间，与邓恩铭就建立团的问题多次商讨。1923年11月中旬，王振翼到达青岛，和邓恩铭一起，多次召集进步分子举行座谈会，筹备建立团组织。1923年11月11日王振翼在给团中央负责人的信中说："到青二日，今午邀十一人相谈一时余，弟略说了些中国经济政治状况，人民受痛苦的原因和情形，归结我们应负促进社会进化之责，实行去组织民众做一番国民革命。到会的分子，学生五人，电话局员司二人，在济加入 × 同志三人。谈的结果很好，决定在这一星期内，请他们再介绍些人谈话，并与到会的这些人在这星期内分开谈我们团体的纲领、组织等，谈的结果如很好，即于下星期正式组织成立，如不够二十人，即按章先组织支部。如足二十人，即成立地方团。"[②]

1923年11月18日，青岛团组织成立会在胶澳商埠督办公署工程科召开。邓恩铭和王象午，职业学校学生许兴业、李松舟、李萃之、姜秩东、

---

① 中央档案馆、山东档案馆：《山东革命历史文件汇集》（甲种本第一集），第27、36页。
② 中央档案馆、山东档案馆：《山东革命历史文件汇集》（甲种本第一集），第45页。

郝骏夫、傅健生、李树柏、张肃甫，青岛电话局职员王少文、孙秀峰等参加了会议。王振翼主持会议。由于团员人数仅 12 人，按团章规定 20 人以上才可以成立地方团，所以名称定为中国社会主义青年团青岛支部，邓恩铭任支部书记。支部下辖三个团小组，其中职业学校两个小组，分别由许兴业和郝骏夫担任组长，另一个市内组，由电话局职员王少文、孙秀峰、王象午等组成，王少文任组长。

关于团青岛支部的归属问题，曾有过争论。王尽美主张归济南地方团管辖，这样便于协调和领导；王振翼认为青岛地位重要，是今后开展工作的重点地区，应由团中央直接管辖。后来，决定由团中央直接领导。

团青岛支部成立后，团员十分活跃，阅读进步书刊，参与社会活动的热情均很高，团中央机关刊物《中国青年》仅在职业学校每期就可销售 30份。信奉马克思主义的青年越来越多。邓恩铭信心倍增，在给团中央的信中说："此地学生界情形极好，想不久当可把地方（团）组织成功也。"[1] 在邓恩铭的指导下，职业学校的学生发动了几次影响颇大的运动。如：1923年 11 月 10 日，曹锟通过贿选登上总统宝座，而胶澳督办熊炳琦曾搜刮民财 50 万元资助曹锟贿选。为此，职业学校的学生大张旗鼓地开展了反对曹锟贿选的活动。

广泛传播马克思主义

在组建党、团组织的同时，邓恩铭以《胶澳日报》副刊为阵地，利用自己做记者的条件，广泛宣传马克思主义，宣传俄国十月革命的胜利和建立无产阶级国家的情况。他曾在《胶澳日报》副刊上连载《列宁传》，产

---

[1] 中央档案馆、山东档案馆：《山东革命历史文件汇集》（甲种本第一集），第 53 页。

生了很大影响。

1923 年 5 月，为纪念马克思诞辰 105 周年，邓恩铭在《胶澳日报》副刊上举办征文活动，借此联络各地进步青年。青州山东省立第四师范学校学生王蔚明写了一篇以《马克思主义与中国革命》为标题的文章，很有见地。邓恩铭看后十分高兴，去信大加赞扬，请他继续投稿，并说明几日后将到青州与之面谈。

青州，又称益都，地处山东中部，历史悠久，文化发达。因胶济铁路从境内路过，所以成为西方列强侵略的一个重要地区，因而这里的民众具有强烈的反帝意识。五四运动时，青州绅、商、学等各界万余人举行声势浩大的罢工、罢课、罢市运动。青州市内有山东省立第十中学、山东省立第四师范学校等学校。山东党组织自建立起，就重视对青州的工作。1922 年 10 月，中共济南地方支部党员王翔千应聘到青州山东省立第十中学任教。他在学生中宣传革命思想，指导进步学生阅读《共产党宣言》《唯物史观》《新青年》《向导》等书刊，创办"新剧社"，编演新戏，宣传反帝反封建军阀的革命思想，引导学生在探索救国救民的道路中逐步接受马克思主义，从而培养了一批进步青年。年底，建立了中国社会主义青年团青州小组，隶属济南地方团。青州团小组的成立，为在青州开展革命工作奠定了基础。此后，王尽美和邓恩铭等多次到青州活动，和青州进步青年保持着密切的联系。1923 年 6 月，山东省立第四师范学校校长刘尚敬压制学生的反帝爱国运动，邓恩铭鼓动四师学生掀起驱刘学潮。

王蔚明在后来的回忆中这样讲述了邓恩铭在青州的活动：

（1923 年）5 月中旬的一天下午，邓恩铭同志果然到青州师范来了，并带来了《第三国际第二次代表大会决议》、《共产党宣言》等文件相赠。这些文件都是莫斯科印刷的，想必来之不易。从此以后，每隔一两个月他就到青州一次，每次都到青州师范来与我交谈，有时还带本新书赠我。谈话中，常常是交流学习情况，谈论国内时局和世界形势，有时也询及校内同学及老师们的思想动向①。

在邓恩铭、王尽美的努力下，青州工作渐有起色。1924年4月，团青州支部建立，团员有刘俊才、王元昌、赵文秀等十数人，刘俊才担任干事长，支部隶属团济南地执委领导。支部成立不久，邓恩铭又去青州，发展王为铭（即王蔚明）入团，并介绍其列席团支部干事会。

随着马克思主义在青岛的广泛传播，社会上对进步书籍的需求量大增。于是，邓恩铭与王象午商议，打算自己创办一书社，这样，既可满足青岛读者的需要，又可作为党、团的活动基地。1923年12月，邓恩铭在给刘仁静的信中说："此间（对）新书的要求一天比一天增加，但是没有一家卖新书的书店。我们想办一书店，经济又非常困难，不能开办。"②邓请刘仁静在上海与上海书店、中共中央机关的书店、民智书局等联系，先寄书来，采取代售的办法，并要求团中央在资金上给予援助。但由于团中央只能代办书籍，不能筹款，办书店的打算未能实现。于是，邓恩铭就与上海书店、民智书局、泰东书局商妥，在青岛设立图书代销处。之后，邓恩铭在《胶澳日报》社、启新书社、青岛书店设立了三个代销处；通过国民党左派鲁佛民，与青岛最大的书店——中华书局商妥，代销进步书刊，其中有《向导》《中国青年》《共产党宣言》《资本论入门》《〈唯物史观〉解说》《共产主义初步》等。

在设立书刊代销处的同时，邓恩铭还计划开办图书馆，并于1923年底起草了《山东青年图书馆简章》。邓恩铭把《简章》写好后寄给刘仁静，征求团中央的意见，从而使这份珍贵的革命文献得以保存至今（现存中央档案馆）。《简章》共分总纲、组织、权利和义务、阅书规则、经费、职

---

① 中共青岛市委党史资料征委会办公室、青岛市档案馆：《青岛党史资料》第1辑，第96页。
② 中央档案馆、山东档案馆：《山东革命历史文件汇集》（甲种本第一集），第78页。

员、附则七章。《简章》规定图书馆的宗旨是："节省经济，便利同人阅书，使同人在这小规模的图书馆内，得到相当有系统的知识。"馆内藏书的来源是"以励新学会存书，及王（尽美）、邓（恩铭）二君与其同人藏书"为基础。《简章》规定，在青岛，本馆设干事二人；在有阅书同人五人以上的地方，设地方干事一人；本馆干事负责"保存、整理、添购各种书籍，及对外通信，收发书籍，计算收支各费，每季开列清单，报告同人一次"；"地方干事，通信、收发书籍，并担催缴常年费，募集特别捐等责任"①。从现有历史资料看，邓恩铭一直在筹备这个图书馆，收集了部分图书。1925年5月，邓恩铭被捕释放后，不得不离开青岛时，中共党员陈文其陪邓恩铭到住处泰山路收拾东西，邓将两大网兜书刊交给了陈文其。邓离开青岛后，创办图书馆的事也就停止了。

奋笔疾书诉黑暗

20 世纪 20 年代的中国，处在军阀割据的四分五裂状态。由帝国主义列强策动的军阀之间的混战继续扩大。参加军阀混战的军队，1917 年约为 5.5 万人，1922 年增加到 22.5 万人，1924 年达到 45 万人。战火燃遍了全国大部分省区。随着军费的激增，大小军阀在他们的统治区域巧立名目，增收捐税，滥发货币，肆意搜刮，致使田园荒芜、经济萧条、生灵涂炭。

1924 年来临了，孤身处于青岛的邓恩铭看到山河破碎的景象，感慨万千，奋笔写下了《今日的感想》②。文中深刻地揭露了帝国主义和封建军

① 山东省文化厅史志办公室、国统区革命文化史料征集协作组：《难忘的历程》（国统区篇），山东文艺出版社 1991 年版，第 284—285 页。
② 《胶澳日报》新年增刊，1924 年 1 月 1 日。

阀是中国社会动荡不安、民不聊生的罪魁祸首，号召全中国被压迫人民联合起来，推翻军阀政府，建立真正的人民政府。

处在这双重压迫下的中国人民，除了一般勾结洋强盗抢掠中国的军阀官僚和甘心媚外的洋奴与依靠军阀官僚而生活的政客们外，只要不是耳聋与近视的人，随时随地都感到国破家亡之将至，尤其是年底结账时使我们感到异常的恐惧与痛心。

数次的热血和头胪（颅）换来的中华民国，到于今足足的十二年了，但在这十二年中政府给人民的是什么？不过兵灾匪祸与横征暴敛罢了。平等、自由……不知尚寄居那里呢？一股洋强盗更变本加厉的乘火抢掠，临案通牒，铁路共管，长江联合舰队与广州海军示威，这些都是帝国资本主义的国家洋强盗们给我们的亲善之礼。旧仇未雪，新耻频添。我们的国家就一点希望也没有了吗？"三户亡秦"，偌大一个国家岂有就此灭亡之理。不过，如何才能使他不亡，我不免要对于我们驯如羔羊的中国人说几句话了。中国何以乱，不用说是专横的军阀与顽固的官僚、无耻的政客作的孽了。但权威与势利迷住了我们一般人民的知觉，不归罪于军阀官僚与政客，而反埋怨革命的党人；不思所以推倒军阀之道，而骂革命党人之捣乱。驯如羔羊的人们，你们须知，民国的江山是谁给你们打回来的？三民主义、五权宪法是谁的主张？你们须知道，现在一般军阀官僚都是满清的忠臣，民国的罪人。专制余孽那（哪）配治理民国，专制余孽盘据（踞）的政府，如何会使三民主义、五权宪法实施。所以，军阀存在一天，国家多乱一天，想得国家统一、和平与独立，只有推倒军阀政府，建设真正人民的政府，只有真正人民的政府，才会给人民以平等、自由……

军阀是和洋强盗互相勾结的，所以，我们不仅要推倒我们"罪孽深重"的政府，我们还要同时打倒帝国资本主义的列强。这些恶魔一日不灭，不但中国永无和平的希望，世界也一样永无和平的日子呵。

劳农的俄国，是俄国全国无产阶级打出来的；独立的土耳其，是全土国的人民打出来的。所以，中国的和平、统一与独立，除了全中国被压迫的人民联合起来一齐向本国的军阀与外国强盗进攻以外，没有第二条生路。

全中国被压迫的人民速联合起来呀！

1924 年 5 月中共青岛组正式建立，青岛党、团组织的建立，为在青岛开展工人运动创造了条件。1924 年伊始，邓恩铭就把主要精力放在发动工人，在工人中发展党、团员，开展工人运动方面。

邓恩铭到青岛时，正处于京汉铁路工人二七大罢工遭镇压后的工人运动低潮时期，这进一步增加了开展工人运动的困难。但他不避艰辛，对青岛工人的生活状况和工人斗争情况进行了详细调查。1924 年 6 月，邓恩铭在《十日》上发表了《青岛劳动概况》一文。

邓恩铭在《概况》中，首先指出青岛地位的重要性，"青岛不仅是山东一个重要的地方，在北方说起来，也是数一数二的。但他的重要是非军事的，乃是工商的。"接着，邓恩铭介绍了青岛工人在德、日管理时代和当时的状况：德国占领时，注重军事方面的建设，"除四方机厂规模较大，工人较多外，没有很大的工厂"，"所以德管时代的青岛，因工业不发达，工人是很少的"；日本占领青岛后，注重投资设厂，进行经济侵略，工人数量大增，"劳动者在青岛的人口就占了可惊的数目了"；"中国收回青岛不到一年半，为时不多，故诸事无甚变动，故述目前的劳动概况与述日管之最后一年无大差别"，工人"总计约有四万多将近五万人"，再加上工人的家属，"青岛三十万人口中，工人占半数以上实不为多"。

邓恩铭在《概况》中，分析了工人的生活状况，认为除赚钱较多的机器工人中的一部分人能够糊口外，绝大多数是食不果腹、衣不蔽体，在死亡线上挣扎。他写道：

我们要想知道大多数的工人生活之困苦，必先知道在青岛每日每人的必需的最低生活费。锅饼是下苦力人中最普遍的食品，他们每人每日至要吃三斤，而每斤卖十八个铜子，三斤就合一吊一百文，再吃点菜，每天非一吊三百文不够。但他们每天至多不过赚三毛五分钱，仅仅够吃，所以一切最低的必要费用，如住房子、剃头等，还得从每日极力节省下来，至于想添些衣服鞋袜那简直是不可能。所以他们的住处是极黑暗、污秽的窝棚，光线不足与空气之臭腐，再再足以使他们康健上受影响，常常生病。但是他们生病是没有人管的，他们病中费用当然没有，必须向工友中分借，借债的结果更使他们日处于不足自给的恐慌，悲惨的命运就跟随他们了。这种悲惨生活的工人最多，恐怕要占百分之九十以上。尤其是柔弱的女工和童工，他们的生活有特别述说的必要。中国妇女因缠足的缘故身体异常软弱，六小时的工作，她们已经不能胜任了，何况十二小时工作以外还继续添作夜工。她们的健康就好似秋风扫落叶一样，病魔就立刻来缠绕她们了。但是这种状态经她们一次罢工，已经打破了，可是十二小时的工作还是牛马般的负着。这样的女工大半是纱厂和丝厂居多。再说纱厂童工，童工的痛苦比女工要厉害百倍。他们大概是不满十八岁的小孩子，从乡间被人骗了来的。他们到厂后过的完全是小牛马的生活，每天赚的至多一角八分钱，做十二点以上不能胜任的工作，分两班，从早到晚，从晚到早，尽站在不见日光，不通空气的污秽屋子中，呼吸棉絮，一点儿空也没有，因此说不上休息。他们吃的是窝窝头，白开水。他们物质上的营养不良，精神不舒畅，又加以沉重的工作，所以把一群可爱的小孩都养成乞儿不如的一般小病夫了。童工的生活几年来都是如此的悲惨，直到现在还是那样。嗟！万恶的资本家！

邓恩铭在《概况》中分析了中国政府接收青岛一年多后的工人的情绪和斗争情况，青岛"自交还中国后，一般工人对本国政府怀有无穷希望，那晓得万恶的本国政府，不但辜负他们的希望，连德日时代工人应有的利益反被剥去，因此工人对万恶的政府起怀疑，由怀疑进而反抗"，青岛工人罢工次数明显增多，而且大多都取得了胜利。邓恩铭对青岛工人的组织状况深表担心，"青岛虽然有许多工人，但他们绝少严密的组织，就是不严密的组织除了四方机厂工人圣诞会外，也再没有第二个"。

邓恩铭在《概况》结尾中，号召青岛"被压迫的兄弟们，努力团结啊！"指出："我们要团结才有力量，有力量然后才能与资本家抗争呵。"

改造圣诞会

经过调查、分析，邓恩铭决定把工作重点放在工人斗争性较强，并有固定组织的青岛最大的工厂——四方机厂。

四方机厂，是当时青岛最大的综合性机械厂。该厂最初是由德国人建造的。1900年6月，德国人创立山东铁路公司，征集青岛当地铁、木工等，建厂于四方村。1914年11月，日本人接管了四方机厂。中国政府接收青岛、胶济铁路后，经交通部核准，四方机厂隶属胶济铁路管理局机务处管辖。由于四方机厂建立较早，所以其他工厂与它都有密切的关系。邓恩铭在1924年3月18日关于青岛工运情形致刘仁静的信中说："四方在青岛要算一最大的机厂，工人将近二千。此二千人，大半系德管时代遗留下来，故其根基颇深。因其根深，故近年来陆续新开之大小工厂，大概都和他们有关系。"[1] 因此，四方机厂的工人运动对青岛整个工人运动有着举足轻重的影响。

在德、日帝国主义长达25年的统治压榨下，四方机厂工人生活特别艰苦。为了反抗殖民者的统治，工人们按宗族、乡域结拜成伙，组成"胶州帮""潍县帮"等，多次自发地起来进行斗争。1919年工人为反抗日本统治者的压迫，要求增加工资，还自发地举行过罢工。北洋军阀政府接管

---

① 中央档案馆、山东档案馆：《山东革命历史文件汇集》（甲种本第一集），第92页。

工厂以后，工人们的处境依然如故。日本统治时期的监工、把头，依然还是监工、把头，仍旧任意欺压工人。当局甚至把原来规定的春节三天假和年终奖金也给取消了。工人们为了自己的权益，决定成立全厂统一的团体，开展斗争。

1923年1月，四方机厂钳工郭恒祥等人利用中国民间手工业工人"崇敬祖师"的习俗，以"崇敬祖师，互敬互助""提高工人人格，辅助路务进行"为名，联络一部分铁工、木工、油漆工等，成立了圣诞会，郭恒祥被推为会长，张吉祥为副会长，郭学濂、耿华山为评议长。

圣诞会制定了会规，规定：会员每人每年捐一日的工资作为活动费用，用于每年演戏敬祖和救济生活困难的工人；每年旧历二月十五日为圣诞日；发给会员每人有"圣诞会"字样的银制牌一枚，佩戴胸前。

圣诞会成立伊始，入会者多是成年人、老年人，不久，青年工人也参加进来了。工人把圣诞会当作依靠，不论谁有困难或相互之间有纠纷，都提到评议会去解决，特别是在处理工人与领班、工头之间的纠葛时，圣诞会都保护工人的利益，所以在工人中的威信很高。胶澳警察厅和胶济铁路管理局慑于工人力量的强大，也不得不予以承认。圣诞会，成为一个公开活动的工人群众团体。

1923年，京汉铁路工人二七大罢工失败后，京汉、粤汉、津浦、正太、道清五条铁路的工会联合组成了五路联合会，领导铁路工人进行秘密斗争。三四月间，五路联合会密派王荷波（化名满玉纲）到青岛与圣诞会取得联系。王荷波与圣诞会联系上后，详细介绍了二七大罢工失败后全国工人运动的状况，建议圣诞会要为工人兄弟多办好事，团结一致，与统治者抗争。郭恒祥等人接受了王荷波的建议，并决定加入五路联合会。从此，圣诞会的工作有了新气象。

1923年春，圣诞会推出代表要求厂长杨毅发给每个工人一套布料制服。斗争虽未达到目的，但迫使厂方取消了准备发给课长、领班一套呢料制服的决定。

1923 年 8 月，铁工厂一工头硬说丢失了一件雨衣，诬陷工人徐某偷去了，并扬言要报告厂方将徐开除。在场的乔奉九和另外几个工人见了不服，和工头吵了起来。工头跑去报告厂长。胶济路管理局早把圣诞会看成了眼中钉，为了震慑工人，打击圣诞会，局长刘坤亲自派警察对全厂工人遍行搜查，将被怀疑的工人和乔奉九等八人送交法庭查办。法庭经过调查，认为无证据，遂宣布一律释放。胶济路局恼羞成怒，蛮横地将被释工人一律开除。郭恒祥得知这一消息，即以圣诞会的名义与厂方交涉，要求将被开除的工人复职，但厂方借口"复职问题厂里做不了主，只有管理局才能做主"加以拒绝。郭恒祥立即召集圣诞会代表开会。会议决定，8 月 23 日下午全体罢工，同去找路局交涉。

8 月 23 日下午 3 时，圣诞会评议长郭学濂到动力场拉响了汽笛。1200 多名工人从 11 个车间里潮水般涌了出来，排成了 5 个大队，在郭恒祥的带领下，手执各种旗帜，浩浩荡荡向胶济铁路管理局进发。郭恒祥率 5 名工人代表，进入路局办公大楼与局方进行交涉，要求路局将被开除的 8 名工人一律恢复工作。同时提出了增加工资 1 角，工人死亡有棺木等项要求。进到楼内的工人代表与局方谈判，站在楼外的工人群众高呼口号："局长不答应要求，我们就不回去！"谈判一直僵持到午夜 12 时，路局终于被迫答应了条件。斗争取得了圆满的结果。

1923 年 10 月上旬，郭恒祥又领导圣诞会群众以全路同人的名义公开发表了《驱刘宣言》。《宣言》列举了胶济铁路管理局局长刘坤的十大罪状，并表示如北洋军阀政府不将刘坤免职，全路同人将一致罢工。圣诞会还派遣代表赴京请愿，使交通部和胶济路局乱成一团。

邓恩铭十分关注四方机厂工人的斗争，想方设法与圣诞会取得联系。1923 年 9 月 20 日，他在给时任中国社会主义青年团中央执行委员会邓中夏的信中表示要深入到四方机厂工人中去，"四方机厂工人因反对厂长极欲一动，惜余等均不得其门而入，诚属憾事！弟以为作劳动运动非置身其中不可，因外来者加入，十之九引起彼等之怀疑也"①。同时，请邓中夏寄几份工人组织法章程，作为参考。

后来，邓恩铭经在张店工作的共产党员王复元介绍，与郭恒祥等人取得了联系。

郭恒祥，1894年生于山东省章丘县（市）埠村一户贫苦农民家庭，早年由于家贫，曾去辽宁南满铁厂学徒，1913年到四方机厂做机械钳工。他胸怀豁达，急公好义，深受工人的尊敬与拥护。他不甘屈服于帝国主义的压迫和盘剥，素怀救国救民的抱负，具有反帝爱国思想。五四运动期间，郭恒祥回家路经济南时，目睹了爱国学生为收回青岛、反对日本帝国主义而进行的示威游行和抵制日货的斗争，深受教育。他回厂时，买了许多折扇，上书"勿忘国耻""力争收回青岛"等字样，分送给工人，借以启发工人们的反帝爱国觉悟。

邓恩铭通过郭恒祥，加紧对圣诞会的改造，使之由带有迷信色彩的行会组织变为现代工会性质的组织。圣诞会在厂内组织了俱乐部和图书室，还印发了《四方机厂工人俱乐部简章》。《简章》有办工人学校；工人要团结互助；工人要互相友爱，互相交流学习技术等10条规定。

邓恩铭在上层社会和知识分子中间活动时，春秋穿一件浅灰大褂，冬天穿一件深灰棉袍，落落大方，像是英俊而严肃的学者。他到工厂开展工作，就变成了另外一个人，穿的是粗布短裤褂，谦逊敦厚，极像一个朴实地道的工人。于是，工人们见到邓恩铭，极愿意把自身的疾苦、内心的希望推心置腹地告诉他。邓恩铭经常走访穷苦工人，在工人成群的地方召开半公开的演讲会。他还在四方机厂附近的四方村创办了一处工人文化补习学校，当作宣传马克思主义，发展党组织，联系党、团员，领导工人斗争

---

① 中央档案馆、山东档案馆：《山东革命历史文件汇集》（甲种本第一集），第18页。

的指挥所。

1923年10月，邓恩铭向刘仁静汇报了在四方机厂工作的情况："四方已有团体，系工人自组，得张店C同志王之介绍，谈话之结果甚好！现拟参加进去，渐渐地把他们的组织改变，把他们会内所雇之书记换掉。前些日子有人想替他们办学校，经我们的游说，大概不至实现。如果不成，我们即给他们办学校，立案要官产均有把握。"①

邓恩铭通过对郭恒祥的了解，决定争取郭恒祥加入中国共产党，在四方机厂建立党组织，领导工人开展斗争。

1923年10月，王尽美来到青岛，邓恩铭与王尽美一起又与郭恒祥进行了两次长谈，启发郭的阶级觉悟，讨论改造圣诞会的办法。1923年10月19日，邓恩铭在给刘仁静的信中说："在这西洋化与东洋化的青岛的工人，其情形之佳好出人意外，因为路厂和港都已有组织，而纱、电、水亦正着手组织也。首领虽非同志，但经我和尽美两次五小时的详谈以后，亦无形之同交了。情形好极，异常乐观！"王振翼到青岛后，也经邓恩铭介绍与郭恒祥进行了长谈。"昨日到东镇四方走了一趟，在四方见着圣诞会长，名叫郭恒祥，此人不识字，但他做事的能干与智识却完全是新式机器之下有阶级觉悟的，这是环境使然，亦唯物史观之验证也。"②

圣诞会的存在，成了胶济铁路管理局，四方机厂厂主、领班、把头的心腹之患，他们千方百计地破坏圣诞会。路局利用警察、警长乃至警察厅长，轮番对圣诞会的领导人和会员进行威胁、利诱。但在邓恩铭等人的教育下，郭恒祥等信念坚定，在各种威胁、利诱面前毫不为之所动。1924年1月28日，四方机厂工人在圣诞会的领导下，为厂方迟迟不发年终双薪和红利，再次举行了罢工，胶济铁路各站闻风而动，积极响应，路局被迫照

---

① 中央档案馆、山东档案馆：《山东革命历史文件汇集》（甲种本第一集），第36—37页。
② 中央档案馆、山东档案馆：《山东革命历史文件汇集》（甲种本第一集），第28、50页。

发了年终双薪和红利。罢工又一次取得胜利。

1924年2月7日，中共中央在北京领导召开了全国铁路工人代表大会。郭恒祥代表胶济铁路工人和圣诞会出席大会。大会正式宣布成立全国铁路总工会，郭恒祥被选为全国铁路总工会副委员长，圣诞会也随之成为铁总属下的一个基层工会组织。郭恒祥回青岛后，热情地传达了大会精神。

在邓恩铭的帮助下，不仅整顿了圣诞会的组织，而且迅速向外发展，分别在张店车站铁路工人和青岛码头工人中成立了分会；在青岛水道局、电灯公司工人中着手成立组织；派人到四方纱厂工人中进行活动。1924年3月18日，邓恩铭在关于青岛工运情形致刘仁静的信中说："四方会长郭本来就不坏，自此次铁总会归来，勇气与决心更增百倍，他俨然以山东总工会创办自任，以首领自期，现正进行电灯、水道之组织，纱厂也亦托人运动""总而言之，四方机厂工会俨然就是青岛总工会的象征。"[1]

1924年春，邓恩铭发展郭恒祥、傅书堂等加入中国共产党。

1924年3月19日，是圣诞会的祭神日。郭恒祥等仍照旧例，筹备唱戏。按规定，分报胶济铁路管理局、胶澳警察厅备案。但路局不但不予答复，反而对工人活动严加监视和阻挠。当工人从高密装送戏箱来青岛时，遭到管理局派出的路警的阻止。怒不可遏的工人与路警相争。路局也调动大批警察，准备以武力相恫吓。郭恒祥见情况紧急，急忙向邓恩铭详细汇报了事情的经过，请求应对办法。恰巧此时王尽美也在青岛。三个人认真分析了局势，结合圣诞会的具体情况，权衡利弊，决定不与路局发生直接冲突，以保存力量。1924年3月24日，邓恩铭在关于四方工潮情形致刘仁静的信中说："我们对此事不主张因此小事与路局冲突。他们因为从前组织不甚严密的原故，恐一旦失败，则恢复颇不易，故均以我们的意见为

---

[1] 中央档案馆、山东档案馆：《山东革命历史文件汇集》（甲种本第一集），第92、93页。

然，次日即照常上工，此事总算告一结束。"①

胶济铁路管理局此次行动的目的不仅仅在于阻止工人演戏，而是想借此破坏圣诞会。因此，他们并不善罢甘休。3月21日，路局将30多名警察派进厂里，与厂警卫队汇集，加岗布哨，监视工人。同时派机务处办事员李继保前往工厂晓谕，并公布了《胶济铁路管理局布告》。布告谓：

> 本局昨日颁发布告，劝你们停止演戏，照常工作，想你们一般工人都晓得了。查这回演戏的事，你们一般工人都上了别人的当。全是郭恒祥、郭学濂、张吉祥、耿化山等在那里鼓动，以演戏为名，借此敛钱，除去开销，下剩的都到了他们的腰里去了。本局若准他们这样坑骗你们，你们实在太冤枉了。现在除将郭恒祥、郭学濂、张吉祥、耿化山等，由局饬令开除外，你们一般好工人，务各照常工作。凡现时尚未到工的，限于本月二十二日（就是礼拜六）早晨照常到厂上工。以前的事，概不追究。其有不知自爱者，并不到厂上工的，那就要实行除名，到那时候，你们失了职业，谋生无计，后悔也就迟了。特此布告。中华民国十三年三月二十日②。

《胶济铁路管理局布告》贴出后，全体工人义愤填膺，纷呼罢工。郭恒祥见形势突然变化，一面"命工友不可妄动"，一面急向邓恩铭、王尽美汇报。邓恩铭经过分析，明白了路局的险恶用心在于借机破坏圣诞会。他和王尽美、郭恒祥等进行了紧急磋商，认为圣诞会为青岛最得力之工会，实有举足轻重之势，为顾全大局，不致于因小失大，"该四人无论能否回去，决不主激烈抵抗，俟实力充足再说"。郭恒祥等四人"亦颇明此意，均愿忍耐时日，作秘密活动"③。同时，邓恩铭以全体工人的名义，送交路局、督办公署，诉辩"以演戏敬祖纯系甘心捐输；郭恒祥、郭学濂、张吉

---

① 中央档案馆、山东档案馆：《山东革命历史文件汇集》（甲种本第一集），第100页。
② 中共青岛市委党史资料征委会办公室、青岛市档案馆：《青岛党史资料》第1辑，第269页。
③ 中央档案馆、山东档案馆：《山东革命历史文件汇集》（甲种本第一集），第101页。

祥、耿化山等实无勒索劝募等情"，要求准予四人回厂复工。但没有获得同意。郭恒祥等被开除后，邓恩铭在东镇小学谋得小学教员的职位，并担任了圣诞会秘书，王象午也辞去了原来的工作，"在四方机厂内觅得工作"，加强了对圣诞会的领导。

郭恒祥离开工厂后，处境十分艰难。邓恩铭就让他利用圣诞会的会费，在四方开设了一家会仙居饭馆，作为党的秘密联络点。郭恒祥通过会仙居饭馆，仍与四方机厂圣诞会保持密切联系，指导圣诞会的工作。

成立四方机厂工会

1924 年 8 月，江浙战争爆发，引起全国形势紧张。9 月 8 日，胶济铁路管理局将圣诞会强行取消。9 月 9 日《大青岛报》报道此事说：自治通信社云：前者交通部以过激派不时窃发，在在堪虞，特令行各铁路严加防范，免滋不测各节，已志前报。电顷又据四方机厂消息，昨路局邵局长以江浙战事突发，交通断绝，各处震惊，值此战云弥漫之际，难免无过激派乘机煽惑，鼓动风潮，特令知警务处转饬该厂警，将该厂前设之圣诞会迫令取消，并将该会所置办器具等件，压令在会人一律瓜分而去矣。

圣诞会被封闭后，工人的斗争情绪受到影响。邓恩铭积极串联工友，秘密酝酿成立工会。

1924 年 10 月，邓恩铭以《胶澳日报》记者的身份为掩护，在四方三义小学召集四方机厂 30 多名工人积极分子开会，总结圣诞会的经验教训。会上，他首先讲述了国内形势，继而根据中共三大关于《劳动运动》的决议案分析了青岛和四方机厂的工人运动。他鼓励工人说，商人有商会，学生有学生会，工人应该有工会，我们工人有组织工会的权利。如果不组织起来，像一盘散沙，就会受人欺辱，组织起来就有力量。他指出，圣诞会过去为工人办了许多事情，得到工人拥护；缺点是组织还不严密，入会手续也不完备；这次组织工会，不让工贼参加，入会要有两人介绍，一定要签名盖章。

会后，工人积极分子立即分头秘密进行组织发动工作。吸收会员时，破除了圣诞会时只收技工，不收青工、徒工的规定，凡符合条件者，不论老工人、青年工人，皆可参加。到 1925 年初，全厂有 800 多名工人秘密加入了工会，会员素质，尤其是他们的阶级觉悟，较之前有了很大提高。

邓恩铭为开拓青岛工人运动，可谓历尽艰辛。当时，青岛物价昂贵，党的经费又少，还不能按时寄来。他过着艰苦的生活，常常只能以玉米面饼子充饥。有时不得不向中央告急，"我经济极窘，款速汇来""我在《胶报》仅有饭吃，一切费用均须自筹，困难已极"。因为其他党、团员均有固定职业，不便自由活动，所以，许多活动都落在邓恩铭个人身上。青岛地狭长，坡路多，邓恩铭不停地奔波，感到劳顿不堪。1924 年 3 月 18 日，他在给刘仁静的信中说："青岛自始至终——现在——依然是我一人在各方面跑，偌大一个地方，我的力量如何能面面周到？因为想是我，做仍然是我。"[①] 远在家乡的父母，本希望儿子饱读之后能光宗耀祖，至少能够在经济上接济家庭，所以屡屡来函要求邓恩铭接济和回家完婚。可是，为了革命事业的邓恩铭，既身无分文又无暇回乡。1924 年 5 月 8 日，邓恩铭在给父亲邓国琮的信中表达了自己的思想。信中说："儿生性与人不同，最憎恶的是名与利，故有负双亲之期望，但所志既如此，亦无可如何。再婚姻事，已早将不能回去完婚之意直达王家，儿主张既定，决不更改，故同意与否，儿概不问，各行其是可也。三爷与印寿回南，儿本当同行，奈职务缠身，无法摆脱，故只好硬着心肠不回去。"[②]

① 中央档案馆、山东档案馆：《山东革命历史文件汇集》（甲种本第一集），第 94 页。
② 柏文熙、黄长和：《邓恩铭遗作选》，贵州人民出版社 1990 年版，第 18 页。

邓恩铭在四方机厂所做的工作,在全国产生了重大影响,在中国工人运动史上占有重要一页。邓中夏在《中国职工运动简史》一书中说:"'二七'失败已隔一年""此时,有一新生势力为'二七'时所没有的,就是异军突起的胶济路工会(即圣诞会),该会在中国工人阶级大受打击之后,居然能起来组织工会,会员发展到一千五百余人,不能不算是难能可贵。"

第七章

致力于第一次
国共合作

促进青岛的国共合作

1923 年 6 月，中共在广州召开第三次全国代表大会。王用章代表中共济南支部出席大会。大会的主要议程是讨论共产党员加入国民党的问题。大会接受共产国际关于同国民党合作的主张，通过《关于国民运动及国民党问题的议决案》等文件，决定全体共产党员以个人身份加入国民党，以建立各民主阶级的统一战线，把国民党由资产阶级性质的政党改造为工人、农民、城市小资产阶级和民族资产阶级的民主联盟。8 月，贾乃甫代表济南地方团出席了在南京召开的中国社会主义青年团第二次全国代表大会。大会拥护中共三大确定的同国民党合作的方针，决定社会主义青年团员与共产党员一样，以个人身份加入国民党。

在青岛的邓恩铭，根据中央精神，积极促进国共合作。

青岛的国民党组织的建立，早于共产党组织，其活动开始得更早。1907 年，同盟会山东主要领导人丁惟汾派会员栾星壑由日本抵青岛开展革命活动。栾经一番准备，于这年冬决定创办震旦公学，作为同盟会活动的机关。为了罗致师资，办学负责人陈干专赴日本联系革命党人赴青共同办学。旅日的陶成章、商震等革命党人欣然应邀。曾在济南开办过山左公学的刘冠三也闻讯赶赴青岛。

1908 年 2 月，震旦公学正式成立。学校设置的课程，如国文、外文、军事学等，均由学有专长、精于讲授的革命党人任教。震旦公学注重思想教育，努力提高学生的民族自信心和斗争意志，同时注意把革命思想传播到校外群众中去。刘溥霖、邵麟勋等同礼贤书院等学校加强联系，与工人群众进行交往，在大港船坞工人中成功地组织了一次罢工斗争。此后，陈干等人又组织了全省范围的保矿会，开展了颇具规模的保矿斗争。震旦公学成立不久，被德国统治当局强行封闭。

1911 年 11 月 13 日，继武昌起义后，革命党人在济南促成了山东独立，青岛革命党人积极响应。独立斗争失败后，刘冠三等人在青岛秘密成立了同盟会机关部，领导即墨等胶济铁路沿线诸县的武装起义。在中外反动势力的勾结下，青岛地区的革命斗争被绞杀了。

1922 年，在青岛的国民党人由于忽视民众的力量，加之自身缺乏严格的纪律等原因，呈现出组织涣散、工作一筹莫展的局面。

在山东，王尽美、邓恩铭等共产党人同国民党左派王乐平等人保持着密切关系，因此，素有渊源。

1922 年春，王乐平在远东各国共产党及民族革命团体大会结束后，从莫斯科回山东途经上海时，向孙中山汇报了赴苏俄开会考察的情况，同时与山东籍的国民党元老丁惟汾共商在山东恢复和发展国民党组织，建立平民学会等问题。

丁惟汾是山东省日照县（现日照市）人。1904 年以官费赴日留学，入东京明治大学学习法律。在日本，他参加了孙中山组织的同盟会，进行反清活动。辛亥革命前后，丁惟汾成为山东国民党的主要领导人，曾在青岛从事革命活动。王乐平是丁惟汾在山东省法政专门学校任教时的学生，并由丁介绍加入同盟会。两人关系非常密切。王乐平详细汇报了山东国民党的情况、国共两党的关系以及改组国民党的设想，丁惟汾极表赞赏。他还告知王乐平，孙中山正准备改组国民党，让王乐平把山东的国民党员召集起来，以图进一步发展。

王乐平返回山东后，在济南正式成立平民学会，自任会长。王尽美、邓恩铭等共产党人都参加了平民学会。王乐平对青岛也十分重视。1923 年初，王乐平和丁惟汾一起到青岛，创建了平民学会。国民党员陈名豫、于恩波、蔡自声、孟民言等人在工人、学生、教师、店员及下层职员中进行活动，发展会员 100 余人，联络、团结了一批社会力量。同年底，陈名豫等创办了胶澳中学，将平民学会总部设于此校中，同时着手整顿组织，严格纪律，有计划地发展党员，培养干部。胶澳中学成为青岛国民党组织的大本营。

1923年11月24日至25日，中共三届一次执行委员会会议在上海召开。这次会议主要是研究贯彻中共三大决议的具体办法。会议的决议指出：国民革命是我党目前的全部工作，全党"当以扩大国民党之组织及矫正其政治观念为首要工作"；在政治上，促使国民党进行反对帝国主义的宣传和活动；在组织上，努力扩大国民党，国民党有组织的地方，如广东、上海、四川、山东等处，共产党员、社青团员"一并加入"，国民党无组织的地方，要帮助其建立。决议还指出：共产党在国民党中为一秘密组织，每个党员的"一切政治的言论行动，须受本党之指挥"；在已有国民党组织的地方，"本党地方会应即与S.Y.（指中国社会主义青年团）地方会合组国民党政治委员会，以主持目前即应进行诸事"。

根据中共三届一次中执委会的精神，邓恩铭与王尽美、王翔千等山东党团组织的成员都加入了国民党。他们在国民党内积极发展国民党员，帮助国民党改组。

邓恩铭在青岛开展国共合作之初，遇到了较大困难。由于共产党在青岛力量太小，有些国民党员对与共产党合作很不以为然。1923年12月，邓恩铭在给刘仁静的信中说："'民'乐平来青，狠活动。现在山东有一极不好事情，就是'民'不与我们合作，凡事把我们除外。"[1]

面对这种情况，邓恩铭毫不气馁。他采取把进步分子介绍加入国民党和介绍国民党中的进步人士加入共产党和社会主义青年团等方法，以加强国民党中的进步力量，使国共合作能够在青岛顺利实现。

介绍鲁佛民加入国民党就是邓恩铭采用第一种方法以加强国民党中进

① 中央档案馆、山东档案馆：《山东革命历史文件汇集》（甲种本第一集），第77、78页。

步力量的一个典型事例。

邓恩铭是经鲁佛民之子鲁伯峻介绍认识鲁佛民的。鲁伯峻，字广德，1895 年生，山东省济南市人，是鲁佛民的长子。他于 1914 年考入山东师范讲习所，1916 年毕业后在济南北园小学教书。五四运动中，鲁伯峻积极参加山东省学生联合会组织的活动，1921 年又参加了马克思学说研究会。邓恩铭与鲁伯峻志同道合，结为挚友。通过鲁伯峻，邓恩铭了解到鲁佛民具有强烈的爱国心，思想激进。

鲁佛民，字献卿，1881 年生，7 岁入蒙馆，接受封建教育。20 岁时，认识了参加康有为"公车上书"的举人周彤桂，深受其维新思想的影响。辛亥革命爆发前，读了许多有关康有为、梁启超、章太炎等人的著述。辛亥革命爆发后，受山东独立运动革命高潮的鼓舞，开始接受民主革命思想。他 1912 年入山东法政专门学校，1916 年发起组织《公言报》，在新文化运动中，通过《新青年》等进步刊物接受了新思潮。他曾在自传中写道："民国七年（1918 年）38 岁，这是世界大战完结的一年，中国的文化界、思想界，在北京开始新文化的倡导，我于授课之余，浏览《新青年》杂志，是为接近新思想之始。这时，正是'五四'运动之前夜，陈独秀著文新颖，立论精辟，较胡适之胜一等，心窃欣慕，颇受其影响，思想上为之一变。"[1]五四运动中，鲁佛民参加了领导济南学生运动的工作，并同青年学生一起上街讲演、游行。6 月，山东组成 83 人的山东各界代表赴京请愿团，鲁佛民被推为教育界的代表。在抵制日货中，学生会和各界重新成立评议会，他又被选为理事。1920 年，鲁佛民充任《大民主报》及《山东法报》编辑。1921 年秋，又参加创办《平民日报》，并担任报社经理。同年，他被山东各界联合会推为首席代表，参与鲁案交涉工作。1923 年，中国接收青岛后，鲁佛民在胶澳督办公署政务课任职。在此期间，他阅读了大量书籍。这时，

---

[1]　《鲁佛民自传》。

他虽然仍是"新旧兼读",但却较前更多地接触了社会主义和马列主义的书籍,而且深受影响。从保存下来的1923年4月24日至9月7日鲁佛民的日记中,可以看得很清楚。如:

六月十九日……又晋城(济南)买社会主义讨论集。

六月二十七日……看《向导》周刊,颇受人鼓舞……

八月二日……看陈独秀《向导》周刊,确有特别见地……

八月九日……七点一刻赴车站回济,……沿途看《社会主义讨论集》……读《社会主义讨论集》,九点半看至第74页。……

八月十七日……今日看讨论集232页,晚十一点睡眠。

……

从以上日记中,可以看出鲁佛民非常喜欢阅读《向导》等进步书刊。那时,鲁佛民还购买了《列宁小传》《剩余价值》《马列主义之浅说》等书籍,悉心阅读,他"欲继续进步,不愿作一个安分之公务人员"。

邓恩铭考虑到鲁佛民在社会上的影响,从政治思想方面积极帮助鲁佛民进步。1924年,邓恩铭介绍鲁佛民加入国民党。鲁佛民成为国民党中的左派。1926年,鲁佛民经中共山东区执委书记吴芳介绍加入了共产党。这年10月,北伐军攻克武汉,党派鲁佛民去武汉工作。1928年春,党组织又派他去北京,由于北京党组织遭受破坏,他与党失去联系。虽然与党组织失去联系,但鲁佛民仍不懈地坚持斗争。1937年,鲁佛民赴延安,受到毛泽东的接见。1938年10月,重新加入共产党。1943年,鲁佛民出任陕甘宁边区政府法制委员会委员兼边区银行法律顾问。1944年5月18日,鲁佛民病逝。追悼会上,吴玉章代表中共中央致悼词,悼词中高度评价鲁佛民的一生是"革命的一生"。

介绍国民党中的进步人士加入共产党和社会主义青年团,是邓恩铭为在青岛实现国共合作而实行的有效方法。他在青岛发展的第一批青年团中的王少文、孙秀峰,原来都是国民党员。

与国民党合作的方针确定后，邓恩铭、王象午和青岛的绝大多数党、团员都加入了国民党组织。他们在国民党中团结和支持国民党左派人士，初步形成了左派力量在青岛国民党组织中的主导地位。

1924 年 1 月 20 日至 30 日，在孙中山的主持下，中国国民党在广州召开了有共产党人参加的第一次全国代表大会，王尽美、丁惟汾、王乐平、张苇村、杨泰峰、孟广浩作为山东的代表出席了大会。大会通过了以反帝反封建为主要内容的宣言，确定了联俄、联共、扶助农工的三大政策，选举了有 10 名共产党员参加的国民党中央执行委员会。国民党一大的召开，标志着第一次国共合作正式形成。此后，在共产党的帮助下，国民党在全国范围内开始了改组。

1924 年 4 月，王乐平、王尽美等召集山东各地国民党员和平民学会的代表在济南举行会议，建立了国民党山东省临时党部，选举王乐平、王尽美等九人为执行委员。不久，王乐平到青岛着手改组青岛国民党组织。邓恩铭等在青岛的共产党员积极参加这一工作。5 月，在邓恩铭、延伯真、孙秀峰等人的协助下，国民党青岛临时执行委员会成立。邓恩铭等积极协助国民党开展工作，在教育、工商、政界以及市民中发展党员近百名，建立了七个区分部。当年 11 月，国民党青岛市执委会正式成立，邓恩铭、延伯真等共产党员当选为市执行委员。国民党青岛市执委会的成立，标志着青岛国共合作的正式形成。

在国共合作和以后开展的国民运动中，邓恩铭和青岛党组织完全掌握了主动权。"在青岛的国民运动，以我们为中心，在民校（国民党）的各区党部、区分部，均有我们的同志。青岛民校市党部委员七人，有我们同志四人。我们在民校的同志与 C 校（社会主义青年团）同志合组一党团，在校一切活动，均由党团议决进行。"①

---

① 中央档案馆、山东档案馆：《山东革命历史文件汇集》（甲种本第一集），第 329—330 页。

在邓恩铭帮助青岛国民党组织发展的同时，山东其他地方的国民党组织也在共产党的帮助下建立起来。至 1925 年 6 月，先后建立济南、青岛、烟台、武定、陵县等市、县党部和淄博张店特别党部，青州、潍县、诸城等县临时党部和栖霞等县区党部，威海、广饶、寿光、东昌、蒲台、济宁、德县、高密、曹州、长清、临清、昌邑、邱县等市、县也建立了国民党组织或有国民党员进行活动。

各地国民党组织的建立和发展，为建立全省统一的组织奠定了基础。1925 年 7 月 11 日至 13 日，国民党山东省第一次代表大会在济南召开。邓恩铭参加了大会。出席大会的共有济南、青岛、烟台、武定、淄博张店、青州、潍县、东昌、曹州、德县、济宁等 20 余市、县的 30 余名代表，其中共产党员、青年团员 10 余名。大会通过了《本省党务须谋平均发展案》《秘密工作方法案》《电请中央迅速北伐案》等议案，选举产生了国民党山东省党部第一届执行委员和监察委员。共产党员邓恩铭和丁君羊、延伯真当选为执行委员，共产党员王辩、王用章、丁子明当选为候补执行委员。

在山东各地建立党、团组织

国共合作的形成，为共产党组织的发展提供了条件。邓恩铭除注重在青岛发展党、团组织外，还积极利用青岛党、团员回原籍探亲等时机，到当地物色积极分子，发展党、团员，他还不时亲赴各地，撒播革命火种。

1924 年 4 月，邓恩铭在青岛介绍寿光籍的张玉山、王云生加入青年团。当月，邓恩铭便到寿光指导工作，他在寿光的张家庄同张玉山、王云生交谈了革命形势，指示他们积极发展团的组织，迅速壮大革命力量。遵照邓恩铭的指示，张玉山和王云生在寿光北部和寿（光）广（饶）边界地区积极活动，很快发展两批青年加入社会主义青年团。到月底，全县已有 15

名团员。1924 年 7 月 15 日，邓恩铭在给中央的报告中说："现广饶、寿光又得同志共十二人，白（伯）真九号回广，大概有成一地方希望，俟白（伯）真回来，当另作详细报告。"[①]7 月 9 日，邓恩铭派延伯真到寿光、广饶等地活动。在延伯真的主持下，张玉山、王云生转为中共党员。

当时，延伯真已在寿广边界地区的广饶县延家集发展延安吉为中共党员。因为一个人不便于开展工作，张玉山、王云生、延安吉便组成了一个党小组。不久，经中共济南地方执行委员会批准，在这个小组的基础上成立了中共寿广支部。同时，邓恩铭还委派沂水籍团员李松舟回沂水开展工作，邓自己多次到青州等地活动，发展党、团组织。

邓恩铭和王尽美分别以青岛和济南为中心，采取各种方式，谋求在山东其他各地建立党、团组织，取得了显著成效。到 1924 年底，济南、青岛、淄博、张店、寿（光）广（饶）、齐河等地都建立了党的组织。当时，山东党尚无统一的组织，由于种种原因，新建的地方党组织与中共济南地执委联系甚少，而各自与中央保持着联系，致使山东党组织不能形成统一的整体，而影响了斗争的开展。为加强山东党组织建设，中共中央于 1924 年 9 月派尹宽来山东，领导全省各地党、团组织，筹建全省统一的党组织。后来尹宽回忆说：

在我往山东以前，共产党在山东尚无全省统一的组织形式，只有一些个人的联系。党的领导机构没有正式名称，组织比较散漫，只知王尽美负总的责任。中央交给我任务时说：山东那边的工作同志都很能吃苦耐劳，只是缺乏共产主义理论知识，组织工作的经验也很不够，今后要首先建立起党的核心作用，发动工农群众的斗争，组织工会、农协及其他群众团体，并从中发展党的组织。工作主要是整理组织，重点放在职工运动方面。

我出发时，中央并未告诉我山东有什么党的领导机关，只告诉我几个

---

① 中央档案馆、山东档案馆：《山东革命历史文件汇集》（甲种本第一集），第 146 页。

负责工作的人，在济南是以王尽美为领导中心，在青岛是以邓恩铭为领导中心，在淄博是以王荣（用）章为领导中心，因为他们都是当地工作的发起人。

我作为中央巡视员，任务是轮流巡视济南、青岛、淄博三个地方党的组织和工作状况，巡视的情况要向中央作报告。未定巡视日期，仿佛是长期的任务。中央给我这三个地方的接头人：济南是王尽美，青岛是邓恩铭，博山是王荣（用）章。王尽美、邓恩铭、王荣（用）章三人在地方的职称是支部书记（王尽美应当是中共济南地方执行委员会委员长——引者注），他们三人大半都是直接向中央联系的。在我去以前，大概三个地区的党组织都是混合支部，各自受中央的直接领导。在淄博方面，当时我只在张店见过几个很好的工人同志，还谈不上成立地执委。工作人员的生活费，大概三个地方都由中央发，王尽美、邓恩铭、王荣（用）章各领 15 元[1]。

9 月 16 日，尹宽到达青岛。邓恩铭作为青岛党、团组织负责人，向尹宽汇报了工作，谈了青岛党组织的发展计划。当时，青岛共有党员 12 人，分职业学校和西镇两个支部。邓恩铭与尹宽商议在东镇、四方、沧口再发展建立一个支部，然后成立青岛地方执行委员会。离青后，尹宽于 9 月 19 日到济南，听取了中共济南地执委和济南团地执委负责人的工作汇报，并对两地执委的工作作了具体指导。10 月至 12 月，尹宽又沿胶济铁路先后巡视了张店、淄川等地，听取了当地党、团组织负责人的工作汇报，同时指导这些党、团组织开展工作。这样，尹宽沟通了山东各地党组织的联系，为建立全省统一的党组织做好了准备。

1925 年 1 月，尹宽代表山东各地党组织出席了在上海召开的中国共产党第四次全国代表大会。会议讨论了如何加强党对日益高涨的革命运动的

---

[1]　尹宽：《淄博早期建立党组织的情况》，中共淄博市委党史资料征集研究委员会：《淄博星火》（内部本），第 175—176 页。

领导，以及在宣传、组织和群众工作方面如何准备迎接大革命的高潮等问题；总结了国共合作一年来的经验教训，制定了开展群众运动的计划，决定在全国建立和加强党的组织，以适应革命大发展的需要。

3月初，邓恩铭、王用章等代表各地方组织来到济南，与济南代表一起举行会议。会议根据中共中央的指示，在尹宽的主持下，以中共济南地方执行委员会为基础，成立了中共山东地方执行委员会（简称中共山东地执委）。邓恩铭和王尽美、尹宽、王翔千、刘俊才一起当选为委员，尹宽任书记。这时，邓恩铭不仅是青岛党组织的负责人，还是全省党组织负责人之一。

成立进步社会团体

国共合作实现后，邓恩铭和青岛党组织与青岛国民党组织携手合作，联络、团结各界民众，开展了轰轰烈烈的反帝爱国运动。

当时的青岛，因其特殊的背景和条件，各种矛盾错综复杂。中国政府虽然收回青岛主权，但日本帝国主义仍然凭借着政治特权和经济优势，继续控制着青岛的经济命脉，疯狂地进行掠夺。北洋军阀入主青岛后，则将青岛视为"聚宝盆"，巧立名目，大肆搜刮。从1923年初到1925年7月的两年半中，胶澳督办即更换了四五任，每任都是搜刮钱财、镇压人民的能手。首任督办熊炳琦，为曹锟贿选总统刮走了50万元。第二任督办高恩洪，除大批供应吴佩孚军费外，还每年提出100万元替吴佩孚收买原随孙中山"护法"的西南护法舰队司令温树德。日本帝国主义的大肆掠夺，军阀的贪婪搜刮，致使青岛财政拮据，民族工商业大量破产，失业率上升，物价腾飞，劳苦大众陷入倍加困苦的境地。

由于帝国主义长期统治着青岛，对人民群众进行奴化教育，所以青岛的部分人反对帝国主义的意识较淡薄，这就使邓恩铭开展起反帝政治活动来感到十分困难，"欲号召群众运动，实属困难已极"[①]。邓恩铭到青岛之初，中共中央布置的召开国民大会、纪念"双十节"活动，根本无法进行。国共合作以后，为了反抗日本帝国主义的掠夺和北洋军阀的残酷统治，青岛国共两党按照各自的斗争纲领，做了大量的组织、宣传工作，以期唤醒民众。国民党将主要精力集中到创办新学，联络各界名流，在下层职员中扩充实力方面。邓恩铭则带领共产党人将工作重点放在动员工人、学生和市民中，借助报纸，利用集会，广泛宣传马列主义，公开号召组织工会、学会和商会。胶济铁路总工会、四方机厂工会、纱厂工会、反帝国主义大同盟、女权运动大同盟会、妇女运动委员会、女子进德会、新学生社、少年学会等组织都是在邓恩铭的领导下建立起来的。

这些组织中，不但工会产生了巨大影响，而且学生团体和妇女团体也都影响很大。

新学生社，是在邓恩铭指导下成立的以进步青年学生为主体的团体。

当时青岛的文化教育比较保守、落后，学生运动极不易开展。"青岛公私小学有八处，除西镇小学外，不是为日本时代的洋奴把持，就是为基督教把持。中等学校五处（官立的一处，教会办的二处，民党办的一处），除民党办的外，都是复古教育，禁学生做白话文。教会学校不许学生在文章上写'帝国主义'、'军阀'等名词。尤其反动的是东方文化派所办的青岛大学，他与曹州第六中学、济南东鲁中学联为一气，作复古运动，禁止学（生）过问政治……此地中等学校以上的学生，多半是资产阶级的子弟。他们的生活比较安适，对于现社会也甚满足。他们不知道中国的现状，对于学校外的一切活动都不参加。他们学校里连个自治会都没有。总而言之，他们是抱'在学言学'的宗旨，在没毕业以前，他们甚么也不管，只知道

---

① 中央档案馆、山东档案馆：《山东革命历史文件汇集》（甲种本第一集），第18页。

邓恩铭

吃饭念书。"①

　　为把学生发动起来，邓恩铭指示团青岛地委以胶澳公立职业学校和胶澳中学的进步学生为基础，联合各校学生，成立学生团体。

　　1925 年 1 月，青岛新学生社成立了。成立之初，发表了《青岛新学生社成立宣言》。《宣言》在谈到成立新学生社的缘由时说："五四运动以后，各地之青年觉悟分子知道：'不管政治，只管读书'这句话，已成了半文不值的废话了。他们知道本身所受的痛苦与束缚，都是祸国的军阀勾结着国际帝国主义的结果。我们也同样的感觉着，我们不问政治，政治可要来问我们。现在的政治坏到极点，所以要起来推翻他，另创造新的政治——作救国运动。祸国的军阀，腐败的官僚，无耻的政客，万不能希冀他们出来作救国运动的，那么，最有希望的，当然是我们全国的青年了。但是要作救国运动，是不（能）一个人单独去干的，是要有如铁似的团体才能胜任。我们不敢妄自菲薄，我们要硬着脊梁来担任此救（国）之重任，联合有志的青年组织如铁的团体。我们的团体就是新诞生的'青岛新学生社'！"

　　青岛新学生社的宗旨是："联络感情，研究学术，改造社会"。"凡在青岛之学生（不分性别），同意本社宗旨者，经本社社员二人以上之介绍，提交委员会通过，即认为本社社员。"青岛新学生社执行委员会领导新学生社的工作，下设秘书、调查、交际、庶务、会计、组织、宣传七部。新学生社成立伊始，就达数十人。执行委员会七人中有青年团员三人，委员长由青岛团地委委员、职业学校学生梁德元担任。

　　1925 年春，邓恩铭和青岛党组织以青岛新学生社为骨干，广泛联络大、中、小学校学生，成立了青岛学生联合会。同时，在东镇、西镇小学组织了少年学会。青岛新学生社等团体在邓恩铭等的指导下，积极投入到反帝爱国运动中。

① 　中央档案馆、山东档案馆：《山东革命历史文件汇集》（甲种本第一集），第 272—273 页。

邓恩铭十分厌恶歧视妇女的封建意识，非常重视青岛的妇女运动，把妇女当作反帝爱国斗争不可缺少的力量。

1924 年 1 月 1 日，邓恩铭在《胶澳日报》副刊上撰写了以《校长和日历》为题的杂谈，用辛辣的笔锋讽刺和批判了歧视妇女的现象。他写道：

反对男女同校的已经是昏蛋了，反对学生用印有一个美人的日历的某中学校长，不更是昏蛋的蛋吗。我不知道这位大教育家拿什么理由来反对学生用印有美人的日历，这样大教育家的心，我们小愚民实在难以猜想。不过他反对学生不应看见美人，就是反对男人不应看见女人是一定的了。如果我的这点瞎猜想不错，这位大教育家未免不彻底了！他应根本反对社会上的男女，因为日历上印的不过是一些颜色和白纸，并且不一定印得美，社会上无处不有活的美的女子，你禁止学生不看纸上的美人，如何能禁止学生看社会上的活的美人？即使你能禁止学生看见社会上的女子，决不能禁止学生看见自己家里的女子。那么这个办法也不彻底。还是想更彻底的法子才能免去男女相见。那只有反对人类存在了。因为男女都不能单独生存。横竖这昏蛋的人类作孽也太多了，一股脑儿消灭了也好，免得再作孽。所以我很盼望这位大教育家采取这个办法才算是彻底的办法。如果仅仅的反对学生看日历上的美人，那真是太昏蛋了！

到青岛后不久，邓恩铭就发展赵鲁玉、丁祝华、王醒华等青年妇女加入了社会主义青年团，培养了一批从事妇女运动的骨干。1924 年 4 月，邓恩铭出面组织了有党、团员和妇女骨干参加的妇女运动委员会，在妇女界广泛开展工作。

1924 年 12 月，在邓恩铭的指导下，赵鲁玉领导的胶澳电话局司机生的罢工，产生了很大影响。罢工后又成立了青岛第一个女工群众组织——女子进德会。

赵鲁玉是在邓恩铭的直接影响下成长起来的。邓恩铭在组织领导工人运动的同时，十分关心赵鲁玉等政治上的成长和理论上的提高。要求她认真学习革命理论，写读书笔记，并定期进行抽查。1924年，她经邓恩铭介绍，参加了社会主义青年团，后当选为团青岛地执委的候补委员，负责宣传工作。年底，又转为中共党员，负责领导胶澳电话局工人的斗争。

中国政府接收青岛以前，胶澳电话局司机生的月工资都在30元左右。接收后，一减再减，到1924年下半年，工资最低者每月只剩下7元了。电话局原先还规定，每年加薪两次，年终有奖金。但自1923年以来，不仅没有增薪，连奖金也一次未发。为此，职工议论纷纷。赵鲁玉根据群众的要求，决定进行合法斗争。她发动大家联名书写呈文，要求局长照规定加薪、发放奖金。

1924年12月28日下午，司机生们将写好的呈文请司机主任李仲英转交给局长。不料，李不仅不予转交，反而说了些不三不四的话，甚至蛮横地说："你们自己送给局长去好啦！"赵鲁玉见时机已到，遂挺身而出说："要我们自己送？那好，我们全体一齐去！"于是，她把交换室内的电铃一按，司机生们纷纷离开交换台，奔向局长室。当时有两个日本籍的司机生也经他人连拉带拽，跟着参加了行动。全市电话立即中断。机关、商店纷纷派人到电话局询问、抗议，电话局当局一时手足无措，只得连连道歉。

赵鲁玉带领司机生见到局长，将呈文递上。开始，局长态度强硬，要大家立即回去上班，"增薪之事，以后再议"。而司机生们毫不示弱，一定要局长立即答复，并在呈文上签字盖章。局长只好答应大家的要求。一小时的罢工，迫使局长屈服了。不久，这个局长被免职。新局长上任后，企图推翻前任的承诺。司机生们闻讯又举行了第二次罢工。新局长一见势头不对，只好允诺。

罢工胜利后，每人每月加薪四元，发放年终奖金两元。接着，赵鲁玉根据邓恩铭和党组织的指示，因势利导，发动大家于1925年1月8日成立了女子进德会。其宗旨是："联络感情，固结团体，以谋公务之竞进"。

进德会成立后，做了大量的工作。1925 年 4 月，进德会全体成员参加了青岛国共两党组织的孙中山先生追悼大会，其代表任颖贤在会上发表了讲演，倡导男女平等、妇女独立和妇女解放。

1924 年 4 月，邓恩铭和青岛党组织在女工比较集中的四方、港口两地，分别建立了女工工会，在四方建立的女工工会，有大康、内外棉、隆兴三家纱厂的 200 余名女工参加；在港口建立的是以大英烟草公司卷烟女工为主体的卷烟女工联合会。

邓恩铭十分重视舆论对宣传革命思想、启发人们觉悟的重要性。邓恩铭在青岛谋得《胶澳日报》副刊编辑一职后，努力利用该报宣传马克思主义和传播新思想。但总的说来，《胶澳日报》思想比较保守，"党味太深"，邓恩铭在报馆的工作受到种种限制。1924 年 3 月 21 日，邓恩铭在给刘仁静的信中说："我虽在胶澳日报，但不能过问正张，因该报系王静一所办，王与政府有关系，他如何能愿意？就是副张，我转载点东西都是勉强的狠（很）……我们没有一个自己发言的机关，借人家的喉舌替我们说话，终是不可能的呵！"[①]1924 年 5 月，邓恩铭因副刊与全报内容不符等原因，被迫离开报馆。为了争得一个宣传反帝爱国的舆论阵地，邓恩铭将目光投向被称为青岛"报界巨子"的胡信之。

胡信之，又名寄韬，1890 年生，北京人。五四运动后到青岛从事报纸新闻和采编工作。胡立志于新闻事业，忧国忧民，主张舆论干预时政，革除弊端，振兴中华，且文思敏捷，笔锋锐利。1923 年至 1925 年间，邓恩铭和延伯真、傅书堂、丁子明、鲁佛民、蔡自声一起对胡信之做了大量的工作，使其理解中共主张国共合作，建立革命统一战线的真诚愿望，以及孙中山改组国民党的重要意义。胡信之渐渐开始觉悟，认识到像高恩洪之流的军阀政府，"留他一天，不但不能为国家福，反而为国家累……这样

---

① 中央档案馆、山东档案馆：《山东革命历史文件汇集》（甲种本第一集），第 98 页。

的政府还要他吗？还能不同他革命吗？"并表示要"与帝国主义下之资本主义战，为争社会之正义死"，"只要工人阶级的利益能够争得，胡信之粉身碎骨也心悦"[①]。

1924 年 9 月 10 日，胡信之与刘祖乾、段子涵等人创办的《青岛公民报》出了第一张报纸。该报原以"提倡实业"为宗旨。在邓恩铭等人的帮助下，该报转而勇于揭露邪恶，大胆抨击时弊，公开支持工人、学生的反帝爱国运动。《青岛公民报》陆续开辟了《公民俱乐园》《公民言论》等栏目，为民众提供发表意见、评论国事的园地。同时，还辟有《来函照登》的栏目，刊载进步社团的文告、宣言等。难能可贵的是，该报全文刊载了《共产党宣言》。在邓恩铭的指导下，胡信之在新闻界、知识界广泛活动，结识了一批具有爱国思想的社会名流和民主人士，先后发起组织了志学社和新闻记者联谊会。

领导青岛国民会议运动

1924 年 9 月，直系军阀与奉系军阀间爆发第二次直奉战争。10 月，受革命影响的直系将领冯玉祥等率部倒戈，回师北京，发动政变，推翻直系军阀首领曹锟、吴佩孚控制的北京政府。但冯迫于形势，又同反直系的军阀张作霖、段祺瑞妥协，组成以段祺瑞为执政的北京政府。

北京政变后，冯玉祥致电孙中山赴京共商国是，段祺瑞、张作霖也发了表示欢迎的电文。11 月，孙中山离粤北上。行前他发表宣言，提出对外取消一切不平等条约，对内扫除军阀两大目标，主张召开国民会议，争取

---

① 山东省总工会工运史研究室、青岛市总工会工运史办公室：《青岛惨案史料》，工人出版社 1985 年版，第 234、197 页。

国家的和平统一。

为了把革命的影响扩大到全国，中共中央支持孙中山北上，并于 1924 年 11 月 19 日发表对于时局的主张，提出解决政治问题的方法，乃是中国共产党上一年提出、现在国民党也号召的召开国民会议。于是，国共两党一道，在全国范围内发起一个以召开国民会议为中心内容的运动。为统一对促成国民会议运动的领导，中共中央、团中央于 12 月发出《开展促成国民会议运动的方针的通告》，指出"此次国民会议及其促成会这个运动，不但是国民运动一大时机，并且是我们的党建筑社会的基础之一大时机，因此党及 S.Y. 均应全体动员，努力工作"。通告规定，全国统一使用"国民会议促成会"的名称，并由党、团员合组党团，由党组织直接指挥。通告还制定了建立国民会议促成会的组织原则及其开展促成国民会议运动的方针、政策。1924 年冬至 1925 年春，全国各阶层人民和工会、农会、学生会、商会、妇女会等群众团体纷纷组织国民会议促成会。

1924 年 12 月，孙中山北上途中，在天津接见了山东的共产党员和国民党员王尽美、阎容德、王乐平、王哲，并委任他们为国民会议特别宣传员，负责在山东宣传召开国民会议的意义；发动群众，促成国民会议的召开。当月 28 日下午，王尽美、王乐平等以国民会议特别宣传员的身份，在省教育会召开山东省和济南各界代表会议，会议决定成立山东国民会议促成会筹备委员会。1925 年 1 月，山东国民会议促成会正式成立，统一领导全省的促成国民会议运动。青岛的促成国民会议运动，在邓恩铭和青岛共产党、国民党组织的领导下，轰轰烈烈开展起来。

1925 年 1 月，王尽美到达青岛。邓恩铭向王尽美详细介绍了青岛的情况，之后，协助王尽美成立青岛国民会议促成会。此时的青岛民众运动在邓恩铭几年的辛勤开拓下，初具规模。

王尽美在鲁佛民等人的帮助下，在李村路 29 号神州大药房三楼设立青岛国民会议促成会筹备处，同时在 1925 年 1 月 11 日的《大青岛报》上刊登《王尽美启事》，说明这次来青岛所担负的任务是为召开国民会议做准备，希望各界人士有何建议直接面谈。为配合王尽美的工作，邓恩铭率青岛党组织与国民党组织共同出面，组织胶澳教职员联合会、新学生社、女界联合会、少年学会、女权运动大同盟、反帝国主义大同盟、非基督教大同盟七个社会团体，发出致青岛各公团公函，倡议建立青岛国民会议促成会。

青岛各公团钧鉴：

　　自战争告停，国事未定，非国民急起直追，直谋解决纠纷，国家将永无宁戚之日。国民会议实为根本解决国是之惟一要途。是以举国通都大邑及穷乡僻壤都风起云涌，相继发起国民会议促成会，期以民众力量督促临时政府早日召集。吾青本属要区，安能独落人后！敝公团等有鉴及此，乃共同发起国民会议促成会筹备会，凡青地各团体赞成斯旨者请即加入，共同筹备，以期促成会早日成立。今筹备处设在大鲍岛李村路博山路转角处神州大药房三层楼上胶澳教职员联合会事务所内，各公团请于每日下午二时至五时前往接洽是盼[①]。

　　为了广泛宣传国民会议，党组织领导的学生团体还广为散发传单，以扩大声势。其中一份传单写道："亲爱的市民们：你们要知道你们的苦痛是谁给你们的？你们要知道全国兵灾匪祸是谁造出来的？这都是洋鬼子与军阀互相勾结作的孽。我们要想独立与自由，要想解除一切压迫，只有团结起来拥护为我们国民利益而奋斗的孙中山先生主张的会议，才能打倒侵略我们的洋鬼子、蹂躏我们的军阀。"[②]

　　1925年1月17日，邓恩铭和王尽美等人一起，召集青岛37个团体的50余名代表在胶澳教职员联合会事务所内召开会议，成立青岛国民会议促

---

① 中共青岛市委党史资料征委会办公室、青岛市档案馆：《青岛党史资料》第2辑，第205页。
② 中共青岛市委党史资料征委会办公室、青岛市档案馆：《青岛党史资料》第2辑，第204页。

成会。会议一致通过了青岛国民会议促成会宣言和致孙中山、段祺瑞以及各省各法团电；会议选举鲁佛民为青岛国民会议促成会主席，邓恩铭和林礼周、任子中、蔡自声、延伯真、鲁佛民、刘次萧、李开良、酃冼元、孟民言、隋廷勋、王石佛、李芸轩、崔纫秋、尹筱农15人为执行委员，刘衡三、李星野、崔信初、孙秀峰、李芸阶、王象午、张裕弟、郭雨农、周炳华9人为候补执行委员。在24名执委和候补执委中，共产党员和共青团员占三分之一，加上鲁佛民、蔡自声等国民党左派，其总人数超过三分之二。

会后，发表了《青岛国民会议促成会宣言》。《宣言》阐述了召开国民会议的必要性和重要性，号召人们团结起来，争取把国家的一切权力交给国民会议。《宣言》写道：

> 帝国主义与军阀两重压迫下之中国，虽十三年来号称民国，而民主政治，未尝丝毫实现，以致军阀盗国，任意损害中国国家生命及人民利益。自袁世凯以至曹、吴，莫不如此。但此次直奉战争，曹、吴倒后，一般军阀方在分裂崩溃状态中。在此时机，中国之政局，有二大可能之倾向。一乃由人民团结努力取得政权，实现民主政治与（于）中央政府及地方政府；一乃继曹、吴而起之军阀集中其势力，复行武力专政。前者成功，方有保障人民利益及国家统一与独立之希望；后者成功，必继续其卖国乱政引起战祸之局面。此时，国民会议能否实现，及其是否真正为人民团体代表之会议，乃为两面（民主政治与武力专政）分别胜负之第一步。故吾人应速团结，努力创造真正人民代表之国民会议，并应立即努力要求一真正人民代表之预备会议，反对执政府召集之善后会议。因善后会议无异军阀之分赃会议也。在国民会议未召集之前，须特别注意者一事，即预备会召集后，临时执政应立即取消，一切政权应移交国民会议处理①。

---

① 《民国日报》，1925年2月10日。

《宣言》最后提出，国民会议成立后，应废除一切不平等条约，取消领事裁判权，保障人民集会、结社、出版、言论、罢工之绝对自由等种种亟应解决之事。

青岛国民会议运动，在邓恩铭、王尽美和国共两党的共同努力下，成为全国最活跃的地区之一。全市各民众团体几乎全部参加了国民会议促成会，各阶层民众纷纷进行集会、联谊、游行和讲演，拥护共产党和孙中山先生召开国民会议的主张。

1925 年 3 月 12 日，孙中山先生在北京逝世。邓恩铭和国民党组织一起，在青岛召开了隆重的追悼大会。胶济铁路总工会组织 1300 余工人，手执小白旗，上书"热血还自由""中山主义不死""打倒帝国主义""推翻军阀"等字样，整队入场，全场人员"皆为之一动"。女子进德会、新学生社都在会上散发了传单。孙秀峰、张裕弟等在大会上作了演讲。追悼孙中山先生大会，把青岛国民会议运动推向了高潮，从而形成了一股反帝反封建的巨大浪潮。

第八章

掀起大罢工风暴

山东地方势力派驱阚逐朱

经过邓恩铭等的努力，青岛党、团组织和工人运动都有较快发展。到
1924 年 10 月，除公立职业学校、电话局外，在四方机厂、内外棉纱厂、
印刷厂、商店、医院、小学等单位中，都有团的组织和团员，时团员人数
达 22 人，不久又发展到 32 人。10 月 26 日，在这一基础上成立了中国社
会主义青年团青岛地方团。青岛地方团选出委员 5 人，孙秀峰主持日常工
作，林礼周、丁祝华、卜韶庭、梁德元分别任组织部委员、宣传部委员、
农工部委员和学生部委员。团地委下辖 4 个支部。不久，调整了基层组织，
设有 5 个支部。从此，邓恩铭不再兼任团的领导职务，专门从事党的工作。

四方机厂秘密工会成立后，邓恩铭积极在工会积极分子中物色成员，
发展党的组织。到 1925 年 1 月，邓恩铭先后发展了傅书堂等七名党员，
使工人斗争有了骨干力量。此后，邓恩铭以四方机厂工会为中心，在四方
村的纱厂、水道局等处扩展，谋求建立新的工会组织。

1925 年初，胶济铁路管理局中的江浙派和山东地方势力派之间发生内
讧，邓恩铭审时度势，果断决定利用统治阶级之间的矛盾，发动工人斗争，
借此增加工人的经济利益，提高工人的政治地位。

胶济铁路是德国统治时期修建的。日本占领山东后，于 1919 年 5 月 3
日设立山东铁道管理部管辖胶济路。该部由青岛守备军司令部管辖，下设
庶务、运输、工务、计理、矿山五课和四方机厂。1922 年，中日双方签署
了《解决山东悬案条约》，其中规定："日本应将胶济路及其支路与各种附
属产业，包括码头、栈房及其他类似的产业，一并移交中国。中国对上述
财产给偿实价 53406147 金马克，中国及日本政府应各派委员 3 人，组织
铁路联合委员会，估定铁路财产的实价，并移交该财产的布置。移交至迟

不得过本约有效后 9 个月。给偿以中国国库券交付日本，并以铁路财产及收入作保，限期 15 年。"《山东悬案铁路细目协定》规定，在国库券未偿清前，必须任日本人为车务处长及会计处长。因此，胶济路虽名义上交还中国，实际上有相当大的权力仍掌握在日本人手中。中国接收后，任日本人大村卓一为车务处长，佐伯彪为会计处长，另又任 23 名日本人担任课长、技师等多项重要职务。英、美帝国主义对日本人在胶济路的权益垂涎三尺，想方设法争夺。

中国政府收回胶济铁路后，设立胶济铁路管理局进行管理。管理局内部分北、南两派，以局长赵德三为首的北派，代表山东地方势力；以副局长朱庭琪为首的南派，属北洋政府内的交通系（亦称江浙派）。两派的背后是日本与英、美帝国主义势力之间的角逐。两派都想挤掉对方，对峙不让。1925 年春节，胶济铁路局加挂客车厢，火车行至潍河铁路桥时将桥压断，造成严重伤亡事故。交通系控制的北洋政府交通部趁机撤掉赵德三，派交通系阚铎任胶济铁路管理局局长，企图独霸胶济路。

阚铎莅位伊始，即与朱庭琪一起，将属山东地方势力派的总务、机务、工务三处长撤换，并通令将"全路山东籍员司一律撤换"，因而，引起轩然大波。山东地方势力派也不甘示弱，筹谋掀起驱阚铎、朱庭琪的运动，并策动胶济路全线工人罢工，给北洋军阀政府施加压力，以达到目的。

山东地方势力派酝酿罢工罢运之初，在四方机厂任职的王象午首先得到消息，立即向中共青岛支部书记邓恩铭作了汇报。邓恩铭闻讯后急忙赶到四方，召集党员和工人积极分子 20 余人在私立培育小学开会，分析形势，研究对策。邓恩铭认为：此次罢工，异于其他铁路罢工，这是山东地方军阀夺取地方铁路管辖权的行动，是地方军阀长期以来想掌握国有铁路管辖权的意图在胶济路的体现；山东地方势力派鼓动工人罢工罢运，是为了达到他们自己的目的，绝不会考虑到工人的利益，但工人阶级完全可以利用统治集团内部的裂痕，动员罢工工人借此机会提出自己的要求，提高工人的觉悟和斗争能力，显示工人阶级的巨大力量，打击军阀。当时，邓恩铭等考虑到，党在山东的力量薄弱，不能控制胶济铁路全局，胶济铁路全线罢工罢运的主动权不在党手中，但党完全有力量领导四方机厂工人的斗争，所以决定，如胶济铁路全线罢工罢运，四方机厂全体工人则参加罢工，同时提出自己的要求。

会后，邓恩铭等密切注视着事态的发展。果然不出所料，山东全省在地方势力派的操纵下，掀起了驱阚逐朱的浪潮，胶济铁路全路员工散发《泣告各界父老书》。青岛公民团、青岛市民公会先后发出《敬告山东父老书》。省议会议长宋传典、济南商会会长张肇铨等亦致电阚铎质问。山东各界联合会、旅京同乡联合会通电全国，请求撤换阚、朱。以上各宣言、文电，动辄数万言，陈词均极激昂。青岛总商会等团体也予以支持。1925年2月2日，青岛总商会为工人将罢工事致函胶济路局长称："近日风闻贵局所属工人将有罢工之举，街市传闻日盛一日，倘或成为事实，不独本埠市面攸关，深恐影响胶济全路，则损失更非浅鲜。贵局长职务所在，自应担负完全责任。敝会为维持市面起见，深盼贵局长事先审慎，弭患无形。"1925年2月6日，青岛总商会更直截了当，致电段祺瑞等，要求撤换阚铎、朱庭琪，电稿称："胶济铁路局长阚铎、朱庭琪，结党营私，破坏路政，将来受害实我商民。如其坐视不顾，何如防患未然。敝会现已决定，于正月十六日（即公历2月8日）全体罢运。"①

利用矛盾，胶济铁路全线罢工

罢工罢运一触即发。山东地方势力派对有2000多人的四方机厂较为

---

① 中共青岛市委党史资料征委会办公室、青岛市档案馆：《青岛党史资料》第2辑，第205、206页。

重视，动员机厂工人随同罢工。邓恩铭遂决定派傅书堂、丁菊畦（即丁子明）等人与之商谈罢工条件。

在商谈中，傅书堂、丁菊畦等根据邓恩铭和党组织决定，提出了五项条件：

（一）恢复被开除工人的工作（郭恒祥等）；

（二）必须承认工人有自己的工会；

（三）不分领班、工匠、小工、学徒，一律每月增发大洋六元；

（四）发给大煤（因以前领班、工头发大煤，工人则发煤末）、房金；

（五）速发年终奖金。

山东地方势力派罢工的目的是"驱阚赶朱"，向交通部示威，以夺取胶济铁路的管理权。他们提出的口号是"鲁人治鲁"。傅书堂等认为这种提法不合适，而路局方面则认为四方机厂工人提的条件不合适，只看重钱。双方分歧较大，商谈没有结果。

傅书堂等迅即将商谈情况报告给邓恩铭。此时，在青岛宣传国民会议的王尽美恰巧也在场。王尽美说，我们和他们合作本是一种手段。商谈破裂也好，这表明我们工人自己有充分的力量，工人阶级要联合其他力量，但不能依附，要以我为主积极斗争。邓恩铭和王尽美决定继续进行罢工的准备工作。傅书堂等人即到机务处、青岛站等处，发动工人罢工。

1925年2月8日，胶济路全体员工举行大罢工。据当时的报刊报道：全路大罢工在2月8日晚12时开始，铁路工人用枕木钢轨封锁铁路线，司机熄灭了机车内的炉火，各段各站的工人都停止工作，未开出的货、客车一律不许开出，已开出的在夜晚12时开到哪里就停在哪里。由青岛开往济南的一辆客车，开到高密就停了下来；由济南开往青岛的列车，当晚就未开出。整个胶济路全线瘫痪了。青岛、济南各地商民也纷纷行动起来，沿街张贴标语，谓"驱逐阚、朱，救我胶济。阚、朱不去，鲁难未已"，并酝酿游行示威。

四方机厂工人在邓恩铭、王尽美的指导下，于 1925 年 2 月 9 日宣布罢工。邓恩铭等对罢工进行了精心布置，组织了罢工委员会、宣传队和纠察队。罢工委员会负责领导罢工，傅书堂、伦克忠等工人积极分子都是罢工委员会的骨干成员。纠察队负责维持秩序，防止厂方破坏。整个厂区呼声震天，一片沸腾。

邓恩铭等让罢工委员会委员出面，代表工人与厂方谈判，提出了五项复工条件，并义正词严地宣布，我们工人是为了改善生活条件而罢工的，如让我们复工，首先得答应工人的条件。厂长蛮横之极，对工人提出的条件不予理睬，径自跑到车间逼迫工人开动机器。工人乘机将其包围，与他讲条件。厂长不予答复，工人代表就到他办公室谈判。厂长看到工人们态度坚决，就托词说，这些条件他不能作主，得胶济铁路管理局批准才行。而此时，局方正被全路员工大罢工搞得焦头烂额，根本无法顾及四方机厂的事情。四方机厂的工人继续罢工。

在罢工过程中，邓恩铭日夜忙碌。他一面向工人宣讲罢工一定能取得胜利，鼓舞工人的斗志，稳定工人的情绪；一面准备公开工会组织，扩大工会影响。罢工的第一天晚上，邓恩铭就召集傅书堂等党员和工人积极分子开会，要求在罢工期间，把全部工人都发展为工会会员，扩大和整顿工会组织。

在指导四方机厂工人罢工的同时，邓恩铭和王尽美等一起，派人四处收集消息，阅读各种报纸，密切注视着胶济路方面和青岛商人的斗争情况，以便采取相应的对策。

胶济路全线罢工停运，引起北洋军阀政府的震动。山东各界也借此向北洋政府施加压力。2 月 9 日，青岛总商会在《为胶（济）路罢工罢运呈报商埠督办、戒严司令稿》中称：由于罢工罢运变起仓猝（促），青岛人力载货车同业公会所辖各车户车工等六七千人，均系贫苦劳动者，专赖铁路运转货物以为生活，今遇此变，概行停业，将有饿毙之虞，且恐变生不测；自青开出的客车停在高密，车内妇女老幼饥冻难堪，请速救济。要求政府"设法维持，急予救济，积极平息风潮，恢复交通原状，以维地方而安商民"①。

路局山东地方势力派欲乘此风潮之际，将交通系势力铲除殆尽。山东省督理郑士琦，省长熊炳琦得到罢工消息后，于 9 日下午召见胶济路罢工员司各代表，同时召集济南等地各政、商团体的负责人，商讨解决办法，结果决定让山东兵工厂厂长李钟岳暂时代理局长。

李钟岳受命后，即率各团体代表赶赴青岛，宣布阚铎所任员司一律罢免，阚铎任期内被撤换各员司一律回原任就职。在罢运罢工的第三天，北洋政府为平息工潮，只得将阚铎、朱庭琪免职，另委李钟岳为新局长。山东地方势力派取得胜利，胶济路全线恢复通车。《晨报》1925 年 2 月 12 日报道："胶济路罢工风潮，已于昨日（11 日）午后完全解决。自昨夜起，全路车货照常开行。先是，鲁省当局与罢工代表会见，磋商解决办法。工人方面主要条件为撤换局长阚铎、朱庭琪。经当局容纳，遂于即日复工。在高密停留三日之火车，亦已开行。"

四方机厂工人继续罢工

阚铎、朱庭琪被免职了，铁路员工复工了，但工人的利益丝毫未予满足。四方机厂工人是继续罢工，还是随同复工，成为邓恩铭和青岛党组织面临的一个难题。下一步如何行动？罢工委员会内部也产生了分歧，有的主张随同铁路员工一同复工；有的认为四方机厂工人要求的条件一件也未予答复，应继续罢工。邓恩铭和王尽美一起，认真分析了形势，认为新局

---

① 中共青岛市委党史资料征委会办公室、青岛市档案馆：《青岛党史资料》第 2 辑，第 207 页。

长刚上任还不了解情况，鼓动全路罢工罢运的人又怕把事闹大，因此，只要坚持罢工，就一定能获得胜利。

根据邓恩铭、王尽美的建议，四方机厂工人罢工委员会决定继续罢工。

在胶济路恢复通车的第二天，四方机厂厂方见工人仍不复工，就召集全厂高级职员对工人进行劝说，反复讲的只不过是，他们的目的达到了，工人也应复工。但工人毫不为厂方的甜言蜜语所动。厂方见一计不成，又施一计，派以凶狠残暴著称的守卫长曲耀才出面召集工人开会，企图强迫工人复工。邓恩铭等鼓励工人不要惧怕，继续进行斗争。当曲耀才强令工人复工时，工人们即针锋相对地揭露他们说：你们的条件得到满足，我们的条件还未答复，不能复工。厂方无计可施，只好作罢。而工人代表则主动找厂长谈判，要他答复条件。厂长无可奈何，只好一天数次去管理局讨教对策。但局方仍不肯答应工人的条件。

中共山东地执委对四方机厂工人这次罢工非常重视，王尽美亲临青岛，与邓恩铭共同领导。罢工期间，中共山东地执委先后从全省各地抽调10余名党、团员骨干到青岛，参与组织领导罢工。

罢工坚持到第七天，路局派一名警务处长带领一队荷枪实弹的路警到厂镇压。警务处长杀气腾腾地威胁说："停工就是罢工，罢工就有罪。"并当场命令卫兵拔出匣子枪，对着工人代表胸膛进行恫吓。工人领袖伦克忠毫无惧色，挺身而出，理直气壮地反驳说："罢工有罪？路上带头罢工的处长有没有罪？"警务处长无话可答，威风顿失，只好灰溜溜地走了。

罢工坚持到第九天，胶济铁路局见四方机厂工人态度坚决，唯恐事态进一步扩大，被迫答应了工人提出的部分条件：

（一）同意恢复郭恒祥等四人的工作；

（二）年终奖金照发；

（三）增薪事原则同意，俟呈上级批准后执行；

（四）关于福利待遇，如买大煤块等也基本同意；

（五）承认工会一事，路方认为是地方官厅的权限，应向地方当局申请，但工人可以推举代表与厂方交涉有关事项。

厂方答复工人提出的部分条件后，邓恩铭和王尽美认为，不能要求一次斗争解决一切问题，厂方答复工人的条件的60%，罢工就算取得了胜利。罢工委员会根据这一意见，向工人讲明了斗争的长期性和策略性，决定第二天复工。

1925年2月18日，四方机厂工会召开全体工人大会，庆祝罢工胜利，发表了《胶济铁路四方机厂工人罢工胜利宣言》：

全国各铁路各矿山各工厂工友们：

我们四方机厂工友们自去年春间，吴佩孚以武力封闭我们的工会，并开除我们办工会的四工友后，备受厂种种压迫。我们对着这种情形，自然不能忍受，更积极秘密进行我们的组织。幸我们工友都明白自己的利益，团结一致，终于去冬正式恢复我们的分会及总会的组织，并于本月八日全厂一致罢工，向路局要求下列五个条件：

（一）以后厂中关系工人事件，须与工会交涉；

（二）恢复从前因办工会被革除工友之工作；

（三）不分领班、工匠、学徒、小工，均一律增加工资三元，并改日计为月计；

（四）每年发给两次来回免费联运通票；

（五）速发年终应得奖金。

同时，车务处员司也因为他们的利益罢工。在员司们得着胜利恢复工作的那天，一般人认为，我们四方机厂工友们也一定跟着上工了，岂知我们工友是为自身利益而起的，那有一点自身利益得不到就上了工？所以仍一致继续罢工，非完全达到目的不止。又相持到本月十七日，中经许多波折，终以我们的团结坚固，外段分会的声援，至得最后的胜利。现经警务处长的调停，路局完全承认前两条，第三、四条等候局务会议与交（通）

部核示解决，第五条年终奖金则已于十一日发下，不成问题了。我们认为，这种结果的确不十分圆满，但我们所特别重视的前两条，总算是达到了。至于第三、四条，我们认为在现在正式局长尚未确立之时，实不能办到，只好留待将来解决。现在我们四方机厂的工友，已和他们从前被革除的四位工友，在爆竹声欢笑声中上工去了。

各地工友们，我们要统统地团结起来，从此，我们要相互提携，共同一步一步地走向胜利之道。

全国工人团结万岁！

工人阶级的胜利万岁！ [1]

为庆祝罢工胜利，在正式复工时，全体工人合照一张罢工胜利照片，作为纪念。

成立胶济铁路总工会

在罢工胜利的鼓舞下，邓恩铭和中共青岛组织公开了四方机厂工会组织。邓恩铭还和王尽美商议，决定以四方机厂工会为基础成立胶济铁路总工会。

以四方机厂工会为基础，把胶济路工人团结起来共同斗争，是中共山东党的负责人王尽美、邓恩铭早就有的设想。因胶济路连接着青岛、坊子、张店、济南等山东大的工业区，再加上胶济路是工人比较集中的地方，如胶济路工人斗争开展起来，对山东的工人运动和全省的斗争将会产生重大影响。

1923 年 11 月 15 日，巡视山东工作的王振翼在给刘仁静的信中说：

---

① 《平民日报》，1925 年 2 月 22 日。

"吾人今先应注意交通工人，假若交通工人组织好（交通工人较别种工人易于组织，因他们的智识可以说是完全具有新式工业的进取战斗的思想与环境），其他各种工人都在交通路线之旁，自然成了交通机关的副产，交通工人自然具有领袖他种工人的环境与智识。以此理由，四方是胶济路唯一的机厂，人数亦最多之处，吾人注意胶济路先从此点起。如此处弄好，全路线马到功成，以至于沿路的博山、淄川、坊子、金岭镇（后三处即中日合办之鲁大公司所有）亦马到功成。此山东精华区，有功成之望矣。"11月26日，王振翼在给刘仁静、恽代英、邓中夏的信中再次强调："机厂在四方有千六七百人，现已组成会，我们正接头改组。如能成功，胶济全路马上成功，沿路线矿山工厂亦马上能着手组织。而在这些工厂服务的工人亦多以沿路线乡村里来的，与农民有深切的关系，又加这些工人农民商人现在受重税与压迫，异（常）活动（最近抗税运动）。故这部分应以青岛作中心根据地（工人与农民盐户现状略报告），有二年余教育组织的工夫，即可成为北方一最有力最重要的革命的根据地。"①

对胶济路沿线各地的工作，邓恩铭、王尽美等山东党的负责人都十分重视，也做了许多工作，特别是张店车站，党组织专门派王复元去开展工作，取得了明显成效。1923年初，中共济南支部派王复元去张店车站，以张店机务段材料房员司的身份，开展铁路工人运动。是年春，张店第一个铁路工人工会组织——路业工会，在京汉铁路工人大罢工的浪潮中诞生，工会还附设了一个工人俱乐部。王复元利用工会联络工人群众，扩大党的影响。但不久，反动当局利用初期工会组织的某些弱点，通过工头要尽软硬兼施、分化瓦解之能事，破坏工会。工会终于在"内受败类之愚弄，外受京汉'二七'之影响"的情况下，逐渐解体。

1924年春，王复元等以张店铁路工人代表的身份与郭恒祥一起参加了

---

① 　中央档案馆、山东档案馆：《山东革命历史文件汇集》（甲种本第一集），第49、65页。

在北京召开的全国铁路工人代表大会。大会之后，王复元以一批来自四方机厂艺徒养成所的就业学生为骨干，成立了圣诞会张店分会，青年工人李青山被推举为该会的负责人。

　　1924年夏秋之交，中共北方区委领导人罗章龙到山东巡视工作，在张店发展李青山为中共党员。1924年底，王复元、李青山又发展铁路工人邹光中、武考三、王启之、王明智等人入党，并成立了党小组。1925年2月，中共张店车站党支部建立，王复元任书记，李青山、邹光中任委员。

　　党组织的建立，使张店地区的革命斗争进入了一个新的阶段。胶济路全体大罢工时，张店党支部根据四方机厂工会传来的罢工电话，决定由工会负责人李青山出面组织指挥罢工斗争，从而使党的影响进一步扩大。

　　在胶济铁路工人大罢工期间，济南机务段工人向当局提出并迫使当局答应了建立工会的要求，随即建立了胶济铁路济南机务段工会。

　　胶济路沿线各地党组织的建立和工人斗争的开展，为胶济路总工会的建立奠定了基础。

　　1925年3月，邓恩铭等选择四方机厂工人罢工胜利的时机，发动工人成立了胶济铁路总工会。总工会下辖青岛、高密、坊子、张店、济南和四方机厂6个分会，由丁菊畦、李俊泽任正、副委员长，傅书堂、孙义昌、纪子瑞、伦克忠、王延兰等17人为执行委员。会址先设在四方村庙旁，后迁到四方村河东崖私立小学内。四方机厂工会也正式挂出了胶济铁路总工会四方分会的牌子。

　　胶济铁路总工会的成立，使邓恩铭感到欣喜异常，经过两年多的不懈奋斗，青岛和胶济路的工人运动出现了新的曙光。青岛其他行业的工人也深受鼓舞，许多工厂的工人运动积极分子纷纷与四方机厂工会联系，学习斗争经验。邓恩铭抓住这一有利时机，多次派党、团员和四方机厂工会会员到各厂帮助组织工会。1925年4月1日，邓恩铭在给邓中夏的信中欣喜地谈道："我们现在以胶铁总工会为大本营（完全受我们的支配）向外发展，如果纱、油、码头、电（电话局已有组织）、水道能组织起来，青岛真是工人的了。此计划两个月内有实现之可能。"① 不久，大康、内外棉、隆兴、钟渊、富士、宝来等日商纱厂和水道局、啤酒厂、祥泰木厂、铃木丝厂的工人先后成立了工会。邓恩铭还指导四方各纱厂工会以四方机厂工会为基础，成立了四方工会联合会。

邓恩铭还非常注重在工人积极分子中发展党员。

1925 年 3 月，邓恩铭建立了中共四方机厂支部，傅书堂任书记，成员有李俊泽、纪子瑞、王延兰、尹振邦、马相阶、于维功等。

四方机厂工会公开后，邓恩铭继续领导工人为争得自身的经济利益和政治权益而斗争。二月大罢工虽然结束了，但胶济铁路管理局并未践约。为此，邓恩铭指导工会发动全厂工人自 4 月 21 日起举行怠工，以示抗议。怠工坚持到 4 月 25 日，迫使路局正式答应：改日给工资为月给工资；一律增加工资三元；提前实行定期增资，每月增加七分等三项条件。至此，二月大罢工取得了完全胜利。

大康纱厂风潮

胶济铁路大罢工的胜利和胶济铁路总工会的成立，把青岛的工人运动推向一个新的阶段。在邓恩铭和青岛党组织的启发引导下，青岛各行各业的工人普遍觉醒，纷纷筹谋建立自己的团体，以争取经济利益和政治地位。其中引人注目的是工人最为集中、人数最多的日本纱厂。

日本占领青岛时期，把投资重点放在投资少、见效快的纺织业，从 1916 年开始，陆续投资建立了内外棉、大康、宝来、钟渊、隆兴、富士

① 中央档案馆、山东档案馆：《山东革命历史文件汇集》（甲种本第一集），第 370 页。

6家纱厂，纱绽（锭）总数达 23 万余枚，占当时青岛纱绽（锭）总数的 85% 以上。加上中国资本家创办的华新纱厂，青岛纺织工人达 3 万余名。为了榨取高额的利润，日本资本家对工人进行敲骨吸髓的剥削，工人劳动状况和生活状况极为恶劣。邓恩铭对纱厂的情况进行了详细调查，后来曾这样谈到纱厂工人的生活：

查日人在青岛四方境内，开设内外棉、大康、隆兴三纱厂，平日虐待工人实属暗无天日。工人在厂工作者，每日作工十二小时以上，工资每日一角，工资如此低微，其何以为生。工人稍有过失，动辄罚薪，疾病生育亦不给假，十天不到厂即行开除，因公受伤及残废者亦不抚恤。男女工人多有倒毙厂中者，然亦不过给予二十元而已。厂中并无吃饭之休息时间，一面摇铃一面吃饭。"中国奴"、"亡国奴"是日监工平常辱骂工人之名词，殴打工人则拳足交加，皮破血流者几无日无之，而尤以十龄童子、缠足妇女，或因饥饿或因精力不支，稍示疲倦，即受重殴。冬天则捉工人之颈，置之冷水管之下而淋之，必至鼻破血流，浑身结冰而后已，此则尤为日厂之特刑，幼童妇女因不胜任，昏倒在地者，亦被视为假装而受殴辱。凡此种种，数不胜数。呜呼，人世间最腐败之监狱，最恶毒之刑罚，又孰有甚于此者。彼千万工人妇女幼童，亦为中华民国之国民，只因穷困之故，乃不得不卖身以图自活。国人若深悉同胞中竟有受外人若是之蹂躏者，想当无不叹息流涕，而寄以深厚之同情①。

胶济铁路总工会成立后，邓恩铭就把发动工人的重点由铁路转向纱厂。1925 年 4 月 1 日，邓恩铭在给邓中夏的信中说："此地重要工作除运输工人外，就是纱厂工人了，我们一向并没有忽视，只以人手太少，忙不过来罢了；加以立于重心的路会成立不起来，纱厂简直没法入手。自从胶总成立后，我们当然是分些力量去活动别的工人，就是他们自家也跃

①　柏文熙、黄长和：《邓恩铭遗作选》，贵州人民出版社 1990 年版，第 103—104 页。

邓
恩
铭

跃欲动。"①

在 1925 年之前，日本纱厂的工人因不堪压迫，曾自发地组织过罢工斗争。但由于缺乏严密的组织和领导，都未能成功。四方机厂罢工的胜利和胶济铁路总工会的成立，对他们是一个很大的鼓舞和启发。他们认识到组织工会的重要性，迫切地要求组织工会，改变现状。邓恩铭不失时机地将一部分纱厂工人积极分子吸收到党组织创办的工人夜校中学习，启迪他们的觉悟。然后以他们为骨干，发动全厂工人，秘密组织工会。到 1925年 3 月下旬，大康、内外棉、隆兴、钟渊、宝来、富士等纱厂的工会已初具规模。

1925 年 4 月，青岛六家日商纱厂工人举行了第一次同盟罢工。这次罢工是邓恩铭和青岛党组织发动领导的。

青岛日商纱厂第一次同盟罢工，是从大康纱厂开始的。大康纱厂组织工会的工作，是在邓恩铭指导下，由纱厂的见习生秘密策划的。这些见习生大都是具有中等文化程度的青年，其中一些是省立一中、正谊中学、育英中学的毕业生。他们思想进步，容易接受新事物，对日本资本家的虐待和压迫非常不满。邓恩铭与他们中的积极分子李敬铨在 1924 年就建立了联系，并介绍李敬铨秘密加入了党组织。

李敬铨，又名李国栋，1904 年生，济南历城人。其父在济南经营一小煤炭店，买卖尚兴隆，家庭生活也还过得富裕。在李敬铨出生前几个月时，其父病故，家业逐步凋零破落。李敬铨到了入学的年龄，母亲节衣缩食，克勤克俭，把剩下来的几个钱供敬铨读书。读完小学后，他考入了济南师范讲习所。1919 年五四运动时，李敬铨参加了济南的反帝爱国运动。1923年，青岛大康纱厂派人来济南招收具有初中文化程度的学生培训工师，李敬铨应招进大康纱厂任粗纱工师。

---

① 中央档案馆、山东档案馆：《山东革命历史文件汇集》（甲种本第一集），第 368 页。

1925 年 3 月，邓恩铭指示李敬铨、司铭章、苏美一等人，学习胶济铁路总工会的经验，暗中联络工友，秘密组织工会，发动工人开展斗争。在邓恩铭的指导下，李敬铨等积极活动，到 3 月下旬，大康纱厂有 800 余名工人参加了工会。

工人秘密组织工会一事，引起了日本厂方的注意和惊慌，厂主预谋将刚刚诞生的工会组织扼杀在摇篮中。4 月 14 日，厂主趁工人上班之际，派人搜查了工人的宿舍，抄走了工会会员名单和工会文件。工人们得知消息后异常愤慨，立即派出三名代表与厂方交涉。不料，日本厂方又扣押了代表，并严刑拷打。

日本厂主的恶劣行径，激起了工人的强烈不满。邓恩铭得知消息后，立即与大康纱厂工会负责人李敬铨、司铭章、苏美一等一起，研究对策。经过充分讨论，他们决定一面派人与厂方继续交涉，一面起草、散发《青岛大康纱厂全体工人泣告书》，以争取社会各界的同情和援助。

邓恩铭亲自主持起草了《青岛大康纱厂全体工人泣告书》，宣传工人的悲惨状况，揭露日本厂主的野蛮行径，呼吁各界予以援助，同时公开宣布成立工会。《泣告书》中写道：

先生们：

俺纱厂工人一天做十二点多的工，得一毛多工钱，日人要打就打，要骂就骂，亡国奴几乎成了呼唤我们的口号。一天的饭钱只（至）少也得两毛，我们怎么活？十三岁以下的童工多吃不饱，喝不足，还得做十三点的苦工，少一合眼就劈脸使拳猛打，常常打得鼻子出血，还得罚两天工钱。不够十三岁的小孩，也只有偷着掉眼泪。大工人稍有不慎，即时拳足交加，稍一招架，就拿出手枪示威。

咳！我们受的痛苦实在不是嘴能说出！我们也不多说了。我们是没娘的孩子，谁能照顾呢？所以我们组织一个工会，互相扶助，互相解愁，无非是穷人帮穷人。不想日人按着手枪挨宿舍搜查了好几遍，门上的锁都砸烂了。因正在工作时间，屋里的东西，都踢的乱七八糟，并且把我们的工友拿了三个去，连打带拷问，已经一天一宿而未释放。追问我们这些奴隶，怎么还要组织工会？先生们啊！青岛是我们中国的地方，我们是中国人民，让不让组织工会，是中国地方官的责任，日本人有什么利害（权利）搜中国地方、押中国的国民呢？这就是欺负我们国家，侵略我们主权，俺几千工人死也不值什么，只是把我们中国已经看得没有一个活人，实在可怜可恨！到底中国还是不是独立的国家？我们的工会就此成立了！大家都来帮助呀！被扣留的工友妻子还哭的不能吃饭呢，四五千工人的性命，眼看都送到几个日本鬼子的手里，四万万同胞都被他们欺负煞了！

青岛大康纱厂全体工人泣告 [1]

《泣告书》撒遍了青岛的大街小巷。在工人的强烈抗议下，被扣的工人代表三天后获释。但旋即被厂方开除。

在散发《泣告书》的同时，邓恩铭通过李敬铨、司铭章、苏美一等召开工人代表会议。18 日晚，工人代表会议通过了 21 条要求，限厂主在 24 小时内予以答复，否则，将举行全体罢工。21 条内容如下：

（一）承认工会为正式代表之机关。

（二）日工加薪——每人每日一律加大洋一毛。

（三）包工加薪——按原薪增加 25%。

（四）夜工饭钱自本月起一律加倍。

（五）取消押薪制度。

（六）取消二割引制度（即二八扣）。

（七）因工伤者，工资照发（医药在外）。

（八）一律免收房费。

（九）延长吃饭时间至一小时。

---

① 中共青岛市委党史资料征委会办公室、青岛市档案馆：《青岛党史资料》第 2 辑，第 212—213 页。

（十）此后日人不得打骂华人。

（十一）每年给假一月，假期内不得开除。

（十二）应规定保护女工，每月给生理假二日（工资照发）。

（十三）减少童工工作时间，每日不得过八小时。

（十四）如工人违犯厂规，得由工会同意方可处分之。

（十五）公司所罚工人之款，应提交工会作教育工人之经费。

（十六）此后不得借故开除代表。

（十七）公司应规定工人有得花红之利益。

（十八）此后公司待遇工人应一律平等。

（十九）不得扣除罢工期间的工资。

（二十）公司承认此项条件后，须双方订立合同并签字盖章。

（二十一）订立合同必须有证人作保[1]。

21条提出后，日本厂主故作镇静，置之不理。邓恩铭和李敬铨、司铭章等召集工人积极分子研究，决定按原定计划于4月19日举行罢工。

为了保证罢工的顺利进行，邓恩铭等对罢工作了精心部署。他们首先成立了罢工委员会，李敬铨、司铭章、苏美一为负责人。委员会下设组织、秘书、宣传、交通、庶务、会计各股和纠察队、演讲团、下层军警接待委员会等组织。各部分都有具体行动计划和分工。例如纠察队，每10人为1组，5组为1团，4团为1队，分设组长、团长和队长。纠察队的任务是：站岗、巡逻、查夜，防止坏人破坏，保障工人安全，维持罢工秩序等。讲演团负责向广大工人和市民进行讲演宣传。

4月19日晚，预定的罢工时间快到了。当时，大康纱厂工人罢工委员会设在厂外。工厂周围戒备森严，罢工命令难以送到正在工作的工人手中。司铭章趁夜色朦胧，从一条排污水的地沟里爬进厂内，然后又从天窗进入

---

① 《民国日报》，1925年4月24日。

车间通知工人。全厂数百台机器，立即停止了转动。

大康纱厂工人的罢工，引起了中共山东地执委的关注。为了加强对罢工的指导，地执委的主要成员尹宽、王翔千、王尽美、刘俊才等齐集青岛，与邓恩铭一起坐镇指挥。除此之外，山东地执委还从青州调去一批青年学生（皆系团员）去青岛帮助工作。

大康纱厂工人的罢工使日本厂主惊恐万状。他们接二连三地要求日本驻青领事和本国政府出面干涉。日驻青领事要求胶澳当局派武装镇压。胶澳当局于罢工当晚即派数百名警察到四方，严密监视工人的行动，保护日人住所。与此同时，胶澳当局警察厅和青岛总商会出面调停。工人自感力量不足，坚持罢工有困难，有意在部分要求满足后即复工。但日本厂主不但不听从调解，反而以断绝工人伙食相要挟，企图迫使工人就范。

对日本厂主这种恶劣行径，工人气愤异常。邓恩铭与山东地执委成员、罢工委员会负责人等决定把斗争进一步推向深入，组织工人举行示威游行，以显示工人阶级的力量，打击日本厂主的嚣张气焰。

4月21日下午，大康纱厂5000余名工人手执上书"打倒日本帝国主义！""工会万岁！"等标语的小旗，四人一排从宿舍出发，沿四方主要街道前进，沿途散发大量《大康工人二次之泣告》，并高呼口号。《二次之泣告》写道：

全国父老兄弟姊妹们，我们处在贫弱的中国，不得已服务于外国人的工厂以求生活，已经认为有辱国体了。而最近我们青岛大康纱厂的工人，因厂主虐待不堪，又兼物价飞涨，所挣工资，不能维持生活，所以我们工人拟组织一个工会，一方面联络我们的感情，增加我们的知识，又一方面以工会名义，提出增加工资的要求，以保持我们大家不饿死。不意日人闻信之下，竟任意搜查我们的宿舍，将工会名册及文件搜去。我们组织工会，又不是轨外的行动，并且中国人自有中国官厅来干涉，而日人竟越俎代庖，摧残我们的自由，这不特是欺辱我们几个工人，实在是污辱我们全国的同胞，藐视我们的国体，破坏我们中国司法。我们处此地方实在是忍无可忍，不得不提出后列之要求。而日人接到此项要求，不但不予以容纳，并且沟通中国警署，监视我们在厂的行动。现在我们与日人交涉，既已破裂，不得已出于最后之一途，于四月十九号晚六时，正式宣告罢工了。我们这次罢工，决无扰乱秩序的举动，绝对以文明的态度，来坚持我们的条件，非达到完满的目的，誓不上工。

同胞们呀，但是我们的穷苦，任何人是知道的，我们坚持到底与否，就是（看）各界帮助不帮助。我们现在除派代表往本埠各团体接洽要求援助外，同时希望各地急速予以实力的援助[①]。

举行纱厂工人同盟罢工

大康纱厂工人的罢工在继续，但随着时间的推移，参加罢工的工人的困难日益突出。平时就处在半饥饿状态下的工人，生活无着，面临着饥饿的威胁。有的工人甚至产生了退缩心理。罢工能不能坚持下去？如何坚持下去？工人的生活怎么办？邓恩铭和中共山东地执委的领导人无时无刻不在思考这些问题，寻求解决的途径。他们一面听取罢工委员会负责人和工人们的汇报，一面认真地分析形势，研究对策。

当时，青岛和山东的政局都处在动荡不安之中，各派军阀为了各自利益勾心斗角。青岛市政混乱，财政枯竭，百业凋零，怨声载道。山东督办郑士琦、胶澳督办温树德自身难保，根本无暇顾及纱厂工潮，亦不愿再结怨于民。再加上罢工严重地打击了日本厂主的利益，所以形势总的来说对工人是有利的。邓恩铭等认真分析了形势，达成了共识：只要工人团结一

---

① 中共青岛市委党史资料征委会办公室、青岛市档案馆：《青岛党史资料》第2辑，第213—214页。

心坚持下去，罢工必定会取得胜利。

邓恩铭等为解决罢工工人的困难，壮大罢工声势，决定采取发动日商纱厂工人举行同盟罢工，支援大康纱厂；呼吁外界声援；募集捐款，救济工人生活等措施，坚持罢工，给日本资本家施加更大的压力。之后，邓恩铭等派人到各纱厂活动，发动同盟罢工。

4月23日，内外棉纱厂3000余名工人举行罢工。

4月24日，隆兴纱厂2200余名工人举行罢工。

4月26日，沧口最大的纱厂——钟渊纱厂5000余名工人举行罢工。

富士纱厂、铃木丝厂的工人也积极酝酿罢工，一时间，罢工风潮席卷全市，参加罢工者达1.8万余人。

4月26日，日商各纱厂的工人代表集会，"以期坚固团体而免为利诱威胁，致中途生变破坏团体"。工人代表纷纷表示要将罢工进行到底，"最后并发誓自表心迹：无论发生若何危险，及身体受何等痛苦，誓不后悔，以期达到最后之目的"①。

纱厂工人同盟罢工开始后，邓恩铭等发动社会各界予以广泛的声援和支持。为保证罢工工人的生活，解除其后顾之忧，罢工领导人组织力量到各处募捐。在邓恩铭的指导下，胶济铁路总工会首先组成了青岛纱厂罢工后援委员会，派出人员募集粮食和捐款。同时，总工会通告下属6个分会，募集捐款。四方机厂工人当即每人捐出一天的工资，并表示继续筹划。其他各工厂的职工以及各界爱国人士也慷慨解囊，热情捐助。其中沧口地区国民党第三区委员某君一次捐了10包大米和20袋面粉。钟渊纱厂工会召集宝来、富士等厂工人组成工人互助会。互助会以"互相援助，扶困救危"为宗旨，张贴布告，欢迎各界团体参加，短期内就募集了一大批粮食和捐款。

---

① 《民国日报》，1925年4月30日。

邓恩铭等领导的青岛纱厂工人同盟罢工,获得了全国工人阶级的关注和援助。在大康纱厂工人罢工的第三天,上海纱厂工人就汇来2000元捐款,同时派张佐臣、江元青到青岛慰问罢工工人。上海其他各界也纷纷表示援助。据1925年4月30日《新闻报》报道:"大康纱厂工人罢工以后,曾派代表及函电各方求援,各方面均愿为劳工作援助。兹闻上海日华、内外棉、沪西纱厂工会,特派代表江君抵青向大康工人声明,上海各纱厂工会愿以经济和实力作援助。全国铁路总工会亦派代表来青,愿以全力帮助大康罢工工友,并电该总工会所辖各分工会,一致募款接济。"到青岛的上海工人代表对大康纱厂罢工的组织工作极为赞许,称:"他们这次罢工,因为是有组织地进行的,所以各方面都搞得有条不紊。21日下午2时,工人们开始列队游行示威。游行没有遇到官方的干涉,青岛市民也表示同情,并准备大力提供支援。这样,罢工工人现在就更有了信心,态度更为坚决"①。

为了合理分配各界捐款,切实解决罢工工人的困难,邓恩铭等指导罢工工人专门成立了青岛罢工捐款分配委员会,负责接受外界捐款,根据实际需要分配。1925年5月5日《民国日报》报道:青岛纱厂罢工以来,各地同情于劳动运动者纷纷捐助。但因无正式接受机关,致有无从送致之憾。兹工人方面已组织捐款分配会,发出通知。其函云:"敬启者,我们因感于青岛大康、内外棉、隆兴三工会宣布罢工后,各地捐款帮助者日必数起,因无正式接收机关,各地乐捐诸君投寄无所;同时三工会所得捐款,分配问题益感困难,征得大康、内外棉、隆兴三工会同意,正式成立'青岛罢工捐款分配委员会'。各地乐捐诸君,请向本委员会接洽。如捐款收到,即给予正式收条。候罢工胜利后,逐一公布以昭慎重,并祈查核。青岛罢工捐款分配委员会启。"捐款分配委员会由5人组成,其中3名纱厂工人,

① 中共青岛市委党史资料征委会办公室、青岛市档案馆:《青岛党史资料》第2辑,第299—300页。

2名铁路工人，内分会计、司账、文书、交际4股。

对青岛纱厂工人罢工的进展情况，中共山东地执委和青岛党组织多次向中共中央汇报。5月初，青岛纱厂各工会多次致电在广州召开的全国第二次劳动大会，要求支援。5月4日，中共中央发出《通告第二十九号——各地应通电声援青岛日本大康等纱厂罢工》，要求各地党、团组织和党、团员，广泛发动各界群众，运用当地团体发电声援青岛纱厂工人的罢工斗争，并寄各报登载，争取社会舆论的同情与支持。电文说：青岛日本大康等纱厂罢工事，其成效关系北方劳工运动及上海纱厂工人运动之影响甚大，望同志们设法运动当地各团体发电声援。

在发动青岛和全国各界声援罢工的同时，邓恩铭、王尽美等还指导罢工工人挫败了日本资本家破坏罢工的种种阴谋。

青岛日商纱厂的同盟罢工，使日本厂主蒙受了巨大的经济损失。日本厂主眼看罢工的工人越来越多，复工之事遥遥无期，心急如焚。他们先是请求日本政府干预。但日本外务省认为"该事件倘只限于民间关系之事件，政府殊不予加以干涉"，仅通过外交途径，照会中国政府外交部，称：现青岛罢工运动日益蔓延，加入罢工团体之人数达一万有奇，中国政府须加以注意，且设法加以阻止。中国政府由于当时山东政局不稳，不敢贸然采取镇压行动。

日本厂主一计不成，又施一计，企图采用分化、瓦解、欺骗等种种卑劣手段，破坏罢工。4月26日，当纱厂工人代表开会表示将罢工进行到底的消息传出后，六家日商厂主立即于当晚聚集在一起，密谋对策。会后宣称："在罢工期间内照常上工者，每日加给工资六成；在风潮开始后上工者，加赏八成；风潮将息先自上工者，永久加增工资四成。"厂主这种用金钱引诱工人复工的手段是拙劣的。工人只提出增加两成工资的要求，即遭到厂方拒绝，如今一下子增加六成、八成，岂不是个明明白白的骗局。邓恩铭等号召工人继续罢工，对资本家的诱骗不予理睬。

日商纱厂厂主的骗局破产后，又企图通过组织御用工会的办法，分裂工人阶级队伍，以达到诱使部分工人复工的目的。大康纱厂厂主成立了所谓大康纱厂工人自治会，宣布凡参加者不仅不收会费，每人每月还给两块钱的津贴；困难者，另外还给予补助。这颇具诱惑的条件，确使少数意志不坚定的工人发生了动摇。邓恩铭、王尽美等组织罢工负责人，与之针锋相对，列举出厂主压迫工人的种种事实和对工人的多次欺骗行径，指出这不过是厂方的一个阴谋，劝工人不要受骗上当。结果除个别工贼外，无人理睬这御用工会。

组织御用工会的伎俩破产后，日商纱厂厂主从社会上收买部分地痞流氓进行破坏。他们乘坐日本人的汽车，到四方工人居住密集的地方，进行反罢工宣传，散发反对罢工的传单。邓恩铭、王尽美等得知消息后，立即指示李敬铨、司铭章等派工人纠察队进行回击。纠察队截住汽车，将破坏分子从车上拖下来，剃光头，以示惩戒。

日本政府见日商纱厂无力解决工人的罢工问题，为维护日本的经济利益，便通过外交手段向中国政府施加压力，要求采取措施，取缔工会。4月28日，日本驻华公使芳泽照会中国外交部，要求解决青岛工潮。中国政府立即给胶澳督办温树德发去了取缔罢工的命令。4月30日夜，日本驻青领事崛内到青岛戒严司令部，第二天凌晨又去找胶澳督办温树德，就解决罢工问题提出了三条要求：（一）逮捕外来之煽动者；（二）工人宿舍内有工人以外之人物，应加以整顿；（三）取缔五一劳动节。之后，中国宪兵、日本警察齐上阵，将隆兴、大康、内外棉纱厂工人宿舍翻箱倒柜搜个遍。由于邓恩铭等对罢工进行了周密布置，对敌人的破坏采取了防范措施，结果宪兵、警察一无所获。

第一次被捕

因为邓恩铭经常深入各纱厂进行活动，所以很早就引起了胶澳商埠警察和日本人的注意，大批暗探用跟踪盯梢的办法侦得并搜查了邓恩铭的住处泰山路13号。1925年5月4日，又将正在主持罢工工人领袖开会的邓恩铭逮捕。关于邓恩铭被捕的情况，当时的《晨报》和《新闻报》都有报道，只是分别将"邓"字误作"佟"和"董"字。

5月6日的《晨报》报道说："青岛五日电：此间罢工之日纱厂工人开会时，突有警察闯入捕获学校教员一人，佟姓（译姓），来自贵州。据云系共产党人。或谓警察于其屋中搜出多数共产党文字，已予以没收云。"同日的《新闻报》亦报道："青岛五日电：昨日警察闯入罢工工人会议，拘获黔籍教员董某，现控董为共产党，并为纱厂罢工之主谋人。警察且在董室内抄获共产党书籍印件多种。纱厂罢工现仍在相持中，惟主谋者既被拘，势当减弱。厂主屡称不愿依罢工者之要求，如彼等愿回复工作，必须放弃一切新要求云。"

邓恩铭被捕后，王尽美和青岛党组织一方面设法营救邓恩铭，一方面继续领导工人进行罢工。

20余天的较量，充分表现了青岛纱厂工人的力量，也体现了邓恩铭等共产党人的组织能力和斗争精神。但随着罢工时间的延长，工人方面的困难也日益加重。来自各方的援助，对于近两万工人和人数更为众多的工人家属来说，无异于杯水车薪。当时不少工人每天只能喝上两顿稀饭，有些工人不得不暂时回到农村老家去。20余天的停产，也给日商纱厂厂主造成了巨大损失，仅大康、内外棉和隆兴三纱厂就损失20多万元。而且，随着雨季的来临，机器开始生锈。如罢工继续下去，对厂主将更为不利。唯利是图的资本家受到重大的压力，不得不向工人让步。5月6日，各纱厂厂主发表一份书面声明，称"罢工是外部煽动的"，假惺惺地表示对工人的同情，声明"你们停止罢工，公司是欢迎的"，表示复工后将给予特别优厚条件。由于邓恩铭被捕，罢工的领导力量受到很大削弱，工人生活日益困难，所以王尽美和罢工其他领导人议决，在部分要求满足后，结束罢工。

5月7日，即邓恩铭被捕的第三天，青岛商会会长隋石卿、会董官叔芳、胶澳商埠警察厅长陈韬、戒严司令部副官长徐养之等人出面进行调停。9日，罢工工人和日商纱厂厂主达成了九项复工协议：

（一）改善工人待遇；

（二）伙食每人每天增加日金一（分）钱；

（三）工伤者由厂方支付工资和医药费；

（四）给30分钟的吃饭时间；

（五）在十二小时的工作内，增加两次休息时间，每次十分钟；

（六）复工的工人支付两天的工薪，五日内不复工者不在此限；

（七）从速支付工薪；

（八）赏罚公平合理；

（九）不殴打辱骂工人，有犯过者给予相当戒饬。

邓恩铭等领导的青岛日商纱厂工人同盟罢工所提出的条件虽未能完全实现，但毕竟为工人争得了部分权益。这对灾难深重、生活困苦的工人来说，不能不说是一个胜利。工人们欢呼雀跃，庆祝罢工胜利。1925年5月，吴雨铭发表《青岛纱厂工人罢工之始末》，描述工人庆祝罢工胜利的盛况：

> 九号条约签字后，日厂主即宣布十号早上工的布告，并散放传单。工人以既被征服之厂主，还要大施其厂主威信，可谓无理已极，乃由纠察队将厂主的布告撕碎，并缉捕乘汽车发传单之日人四名，旋由军警当局取

保释放，由工会宣布十号晚上工。十号下午三点开纪念罢工胜利大会，到会的人数，约万人左右，每人手中都执小旗一面，上书"罢工胜利"、"打倒日本帝国主义"、"打倒资本主义"、"拥护工会"……种种旗帜。另有极大的红色旗帜二面，上书"罢工大得胜利"字样。开会时演说的人很多，每一个人演说后，即大呼"工会万岁！""工人团结万岁！""工人胜利万岁！""工人自由万岁！"……等口号，欢呼之声，摇撼宇宙。散会后，结队游行，并举行工会悬牌额典礼。工人拥簇三工会的牌子为前队，次为军乐队，次为中乐队，次为会员，队伍衔接长逾数里，两旁由纠察队维持秩序，工人高唱胜利纪念歌，一时爆声震天，欢声雷动。三个纱厂工会的牌子，高悬于他们的会所门口了①。

青岛日商纱厂工人的同盟罢工取得了胜利。胶澳当局虽明知邓恩铭的身份，但由于害怕工人阶级的力量，只好在他被捕一周后将其驱逐出青岛了事。

1925 年 5 月 11 日，邓恩铭被迫离开青岛。

邓恩铭等领导的青岛日商纱厂工人第一次同盟罢工，把青岛工人运动推向了一个新的阶段。罢工胜利后，全市数十家工厂建立了工会，而且都把工会的牌子堂堂正正地挂了出来。四方区的大康、内外棉、隆兴纱厂还组织了跨厂性质的地区产业工会——四方纱厂工人联合会，以统一领导和协调三厂的工人运动。工会威信的提高，使日商厂主十分惧怕，许多工厂如水道局、铃木丝厂等，未经工人罢工斗争，资本家都主动给工人增加了薪金，改善了劳动条件。

邓恩铭虽被迫离开了青岛，但他仍时时关注着青岛工人的斗争。当又一次工人斗争高潮到来时，他义无反顾地潜回青岛，投身于新的斗争之中。

---

① 《向导》第 116 期，1925 年 5 月 24 日。

第九章

在五卅运动中

青沪惨案后密返青岛

邓恩铭被驱逐出青岛后，中共山东地执委派 1925 年春来山东的李慰农到青岛领导党的工作，指导工人的斗争。

李慰农，1895 年生，安徽省巢县人。1919 年 12 月赴法国勤工俭学。1922 年与周恩来等人一起成立并参加了旅欧中国少年共产党，次年转为中共党员。1925 年初从欧洲回国后，立即被中共中央派往山东工作。李慰农是以胶济铁路总工会宣传指导员、青岛地执委书记的身份到青岛的。因当时工潮迭起，未及时组成地执委，只建立了中共四方支部，所以李慰农担任支部书记，担任支部干事的有傅书堂、丁菊畦。

1925 年 5 月中旬，中华全国总工会第二次全国劳动大会结束后，全总副委员长刘少奇在傅书堂、伦克忠的陪同下，来青岛指导工人运动。刘少奇在四方机厂工人宿舍同李慰农、傅书堂等人就下一步工运工作进行了长时间的讨论，提出今后要进一步加强工会工作，要认清敌人的丑恶面目，保持清醒的头脑，警惕敌人的反扑。

由于青岛日商纱厂工人第一次同盟罢工的胜利和工会的成立，日本人的统治地位受到了严重威胁，所以，日商纱厂厂主千方百计伺机反扑。工人复工后，日商厂主不仅不履行复工协议，而且开除了 51 名工人代表，其中大康 25 名，隆兴和内外棉共 26 名。司铭章、苏美一、李敬铨等工运骨干和工会负责人皆在其内。

与此同时，日本人还通过各种渠道强烈要求中国政府取缔工会组织。1925 年 5 月 25 日，胶澳当局派出 300 多名军警包围了四方三家纱厂。胶澳商埠警察厅长陈韬亲自出马，带领保安队强行摘去大康纱厂工会的牌子。

日商纱厂厂主和警察厅的恶行，激起了工人的极大愤慨，一场取缔与保卫工会的激烈斗争展开了。当晚9时，警察当局被迫将大康纱厂工会的牌子还给工人，重新挂上。

工人的胜利，使日本人大为恼火，大康纱厂厂主以此为借口，关闭电源，停止生产。内外棉和隆兴纱厂工人闻悉后即自行停工，支援大康纱厂工人的斗争，形成纱厂工人第二次同盟罢工。

第二次同盟罢工爆发后，日本驻华公使公然要求北京政府"急派在济南山东督办之军队前往保护，取有效适当之处置"，并威胁道："如华官不能取缔不法之暴动，则日本出于自卫手段，实属势所当然"。与此同时，日本政府急调樱号、桦号两艘军舰从旅顺火速驶进胶州湾。军舰到后，鸣炮数十响，向罢工工人示警。在日本帝国主义的武力威胁下，段祺瑞执政府急电山东军务督办张宗昌，从速镇压罢工。在张宗昌的授意下，胶澳督办温树德决定要"以严厉手段作最后解决"①。

经过一番密谋策划，5月28日，胶澳当局派出军警包围控制了自来水公司、火车站、发电厂、电话局等要害部门，实施邮电和信件检查与封锁，同时派出2000余名军警包围大康、内外棉、隆兴纱厂和工人宿舍。29日凌晨，军警冲进工厂，强令工人退入宿舍。当军警冲进内外棉纱厂时，遭到工人的抵抗。军警遵照温树德"打死人不要紧"的命令，向工人开枪射击，当场打死8人，重伤17人，轻伤多人。随后，又有75人被捕，3000多人被开除遣送回原籍。这就是震惊中外的五二九惨案。

在这场屠杀中，日本帝国主义者肆无忌惮地发泄着对中国工人的仇恨，"他们站在楼上，拿枪向工人连放，中弹工人一个个倒在地上。"据《向导》第126期报道：最悲惨的是未出厂的童工和妇女。他们一闻枪声，相继藏入棉花包中，趴在地沟里面，或潜伏在车间，后被日人搜出枪杀、水淹和活活抛入海中淹死。至6月3日，尚在厂中搜出六七十个奄奄垂死的工人，

---

① 中共青岛市委党史资料征委会办公室、青岛市档案馆：《青岛党史资料》第2辑，第144页。

地沟之中尚发现一大堆男女尸体。

日本帝国主义在青岛疯狂逞凶的第二天，即 5 月 30 日，上海万余群众上街示威游行，反对上海日商纱厂厂主镇压工人的暴行，要求公共租界工部局释放被捕的爱国学生。游行队伍遭到英国巡捕的血腥镇压，当场死伤数十人，酿成震惊中外的五卅惨案。因两起惨案连续发生，故时称青沪惨案。

五二九惨案发生时，邓恩铭正在胶济铁路沿线巡视工会工作。当他得知惨案发生的消息后，立即于 1925 年 6 月上旬化装秘密返回青岛。惨案虽使青岛工运的领导力量受到重大损失，但中共四方支部成员李慰农、傅书堂、丁菊畦等人仍坚持工作。邓恩铭到青岛后，与李慰农等共同领导青岛人民的反帝斗争。邓恩铭、李慰农、孙秀峰、孙义昌等每晚举行一次碰头会，汇总各方面的情况，提出需要解决和须加以注意的问题。

掀起反帝爱国运动高潮

回到青岛后，邓恩铭立即与李慰农一起，以青岛党组织的名义，给刚离开青岛的刘少奇写信汇报了青岛惨案的经过。刘少奇指示青岛党组织：广泛发动群众，宣传惨案的真相，揭露日本帝国主义和反动军阀屠杀工人的暴行，争取各界人民的同情和支援；对遇难同胞的家属进行慰问。同时，汇来中华全国总工会捐款 200 元、北京学生会捐款 2000 元，以救济罢工工人。

在青岛党组织的发动和组织下，青岛人民的爱国热情空前高涨。根据中共中央和山东地执委的指示，邓恩铭、李慰农带领青岛党组织，与国民党青岛市临时党部合作，通过胶济铁路总工会和青岛学生联合会，联络各社会团体，于 1925 年 6 月 9 日建立了青岛沪案后援会。后援会发表了《青岛沪案后援会宣言》，《宣言》称："四方工厂惨杀华工之血未干，上海英捕惨杀学生工人之惨剧又现。嗟夫！我民何辜，遭此荼毒？！我东省爱国志士，何以秦越视之，且此乃民众生死、中华民族存亡问题，岂容坐视？兹拟定抵制之策如下：（一）援助上海工商学各界，誓死力争，惩办祸首；（二）抵制英日货，实行经济绝交；（三）唤醒同胞，速开国民会议；（四）收回租界"①。

在邓恩铭、李慰农等的积极活动下，继青岛沪案后援会成立后，各界群众纷纷建立爱国团体。各团体纷纷致电北京政府，要求对英、日严重交涉，惩办凶手，与英、日实行经济绝交；致电上海总工会表示声援。同时制定了抵制英、日货，不为英、日人服务，不与英、日人交往等多项守约和公约。据不完全统计，全市直接参加各种反帝爱国运动的有 10 余万人，建立各种爱国团体 50 余个，举行各种集会上百次，其中万人以上的活动 3 次。

在青岛各界群众中，学生中的共产党员、青年团员较多。邓恩铭、李慰农等通过学生中的党、团员，对学生进行了广泛发动。青岛的学生在反帝斗争中表现非常积极活跃。

五二九惨案的当晚，青岛大学学生会即决定罢课，次日，又举行了示威游行。6 月 8 日，全市各校学生一律罢课。11 日，青岛各校 3000 余名学生举行示威游行，抗议英、日帝国主义的暴行。每一位学生都臂缠青布，手执白旗，上书"援助沪潮，誓死力争，唤醒同胞，抵制劣货"等字样。

游行后，学生组成若干讲演募捐小组，分赴商店、街道、农村和火车站进行讲演募捐。学生们在山东路（今中山路）旧中华书局大门前，贴满了上海死难同胞尸体的照片，引起观看群众的强烈愤慨。

青岛大学和职业学校的学生还成立话剧团，编排了《五卅血》《投笔从戎》等剧，到工厂、机关和街道进行募捐义演，将募集的物品和现款，

---

① 《申报》，1925 年 6 月 13 日。

一部分救济青岛失业工人，一部分汇寄上海。

邓恩铭十分重视胶济铁路和四方机厂工人的作用。他到青岛后，就同胶济铁路总工会和四方机厂工会负责人紧急研究形势，要求铁路系统的工人在斗争中发挥先锋模范作用，推动青岛各界反帝爱国运动。在邓恩铭、李慰农的指导下，成立了胶济铁路总工会、沪青惨案后援会。后援会成立后，立即在铁路工人中发动募捐，接济纱厂罢工工人，同时组织募捐宣传队到列车上和郊区农村，宣传青沪惨案真相，痛斥日、英帝国主义勾结军阀政府屠杀工人的罪行，并进行募捐。

6月14日，邓恩铭、李慰农组织胶济铁路工人举行了一次声势浩大的示威游行。6月17日的《平民日报》详细报道了这次游行的盛况：

> 14日上午，胶济铁路总工会全体工人，为对待沪案，定于本日举行示威大运动，先行准备一切。各工人均腕裹青布，表示哀忱，并用白方布，上书一"工"字，表示系胶路工会人员。各工人均手持小白旗，上书："打倒帝国主义！"、"废除不平等条约！"、"收回英日租界！"等语。即由该总工会排齐，分为两行，前方者为该工会选出之演讲员，及散传单人，最后方为该工会之自行车队，以便随时观察，并招待一切。至8时余，即全体出发，由台东镇奉天路，至德平路，至吴淞路，至馆陶路，至堂邑路，至山东路，至曲阜路，而至于警察厅。沿途有铁路警察保安队、胶澳督察随行保护，并防止该工人等演出激烈动作。当时该工人游行时，参观者挤挤跄跄，络绎于途，工人约有数千人，参观者二三倍，总共有万余人，为青岛市援助沪案之第一大运动。当时演讲员在前方痛陈英捕惨杀我同胞之惨况，请各界群起援助，言辞慷慨，淋漓尽致，舌干唇焦，加以大声呼号，致嗓音亦哑不成声，尤竭力呼号。参观者闻言坠泪者，十之八九。此后再由警厅游行市内，至下午始回总会①。

---

① 中共青岛市委党史资料征委会办公室、青岛市档案馆:《青岛党史资料》第2辑，第164—165页。

游行队伍在警察厅前进行请愿，强烈要求释放被捕工人，严惩杀人凶手，为遇害同胞报仇。

胶济铁路工人的游行示威，把青岛各界人民的反帝爱国运动推向了高潮。邓恩铭、李慰农等决定立即抓住这一时机，组织青岛全市人民进行联合行动。6月16日，全市各界3万余人举行了雪耻大会，要求胶澳督办公署对英、日严重交涉，释放被捕工人，同时，号召在英、日工厂和商店工作的中国人罢工，号召码头工人拒绝装卸英、日货物。会后，3万多人又举行了游行。游行队伍前的大旗上书"雪耻大会"四个大字。游行者每人手执白旗，上书"国家兴亡，匹夫有责""推翻强权，坚持到底"等字样。

在青岛人民的反帝爱国运动中，邓恩铭不仅组织领导学生、工人开展各种形式的斗争，而且还利用自己过去任记者、教员的社会影响和国民党山东省及青岛市负责人的身份和威信，积极争取青岛各界的上层人士，如报界的《青岛日报》经理王育民、学界的小学校长鄞洗之、商界的济众医院院长李之坡等，同情和支持反帝爱国运动。与邓恩铭关系密切、思想进步的胡信之在其主编的青岛《公民报》上开辟了《工潮专载》栏目，大量报道罢工动态和各地各界以实力援助的情况。

成立青岛各界联合会

为了把青岛反帝斗争的力量联合起来，邓恩铭、李慰农等指示傅书堂以胶济铁路总工会代表的身份与青岛学生联合会代表一起，联络各界代表人物，成立了青岛各界联合会。反帝爱国力量更为壮大了。

1925年6月17日，青岛各界联合会在青岛总商会召开会议。参加会议的除工人、学生代表外，还有一些资产阶级代表人物以及与日本资本家有联系的商人。他们中的一些人出于个人经济利益的考虑，主张"排英不排日"。因此，当工人、学生代表在会上提出"对日经济绝交"问题时，有的代表就借口五卅事件是英国人制造的，主张"只对英不对日"。工人、学生代表当即指出日本人在青岛屠杀中国工人的罪行，并对他们的主张进行了有力的驳斥。这场争论一直持续到当晚 12 时，他们才勉强同意了"对英、日绝交"的主张。

青岛各界联合会的成立，促进了青岛各界的反帝爱国斗争。但由于成分复杂，联合会内的斗争也很激烈。胶澳当局对各界联合会非常害怕，千方百计进行破坏。他们一方面勾结一些资产阶级代表人物从内部进行捣乱，一方面又派人以政界身份打入联合会，以图取得青岛各界联合会的领导权。这样，青岛各界联合会逐渐被封建军阀和资产阶级所控制，失去了反帝的性质和作用。邓恩铭和青岛党组织负责人经过认真研究，决定胶济铁路总工会等团体退出该会。退出后，胶济铁路总工会同各纱厂工会，港政局、水道局工人俱乐部等共同成立了青岛工界援助各地惨案联合会（即青岛总工会）。青岛学生联合会也退出各界联合会，另行组织了各界联合外交促进会，继续联络各界进行斗争。

青岛工界援助各地惨案联合会成立后，积极在全省各城镇、乡村中开展活动。青岛人民的斗争取得了包括农民在内的全省人民的广泛同情和支持。

在邓恩铭等领导青岛各界人民进行反帝爱国斗争的同时，中共山东各地党组织也组织各地人民进行了广泛的反帝爱国斗争，支持青岛工人运动。全省人民的斗争给山东反动当局造成了很大压力。7 月 1 日，张宗昌被迫释放了押在济南的青岛大康纱厂工人代表李怀才、苏美一、阎思栋、司铭章、李敬铨、范喜祖 6 人。11 日，胶澳当局也被迫释放了被逮捕的青岛各纱厂 11 名代表。

智离虎穴

五二九惨案使青岛日商纱厂的工人运动受到极大摧残，许多工运骨干被捕、被开除或被通缉，剩下的少数人不得不转入地下。声援五二九惨案和五卅惨案的运动爆发后，青岛的反帝斗争在邓恩铭等人的领导下虽然搞得轰轰烈烈，但主体力量是学生和胶济铁路、四方机厂等少数几家工厂的工人，而占全市产业工人半数以上的纱厂工人基本没有行动。

日本厂主为了彻底制服工人，采取了一系列"整顿"措施：

首先，继续裁减原有工人，以招募的新工人代替。对留用的工人，要求必须重新登记，并强迫填写誓约书，保证不参加工会，不参加罢工，绝对服从厂约厂规等。1925 年 6 月 10 日，各纱厂陆续复工。到 7 月 20 日，日本厂主又裁减了大批原有工人，仅大康、内外棉、隆兴三厂就裁减 3000 余人。

其次，对工人实行严密监视。复工后，厂主雇佣一批打手、工贼，日夜监视工人，侦探工人的活动，对工人的一言一行随时向厂主报告。迫于日本人的威势和饥饿的威胁，广大纱厂工人只好暂时隐忍。

鉴于上述严峻的形势，邓恩铭等青岛党组织负责人更加注重在纱厂工人中开展工作的隐蔽性，更加秘密地发现和培养工人运动的骨干分子。邓恩铭告诫党、团员，要更加注意工作方式和方法，尽量减少无谓的损失和牺牲。

7 月 23 日，大康纱厂厂主无故将一名 12 岁童工打成重伤，昏倒在地。工友们上前劝阻，厂主毫不理睬，激起全厂工人的义愤。忍无可忍的工人们经过酝酿，遂向厂方提出 10 项要求，限在 4 小时内答复，否则举行全厂罢工。10 项要求的主要内容是：承认工会组织；增加工资；履行上次罢工时允诺的条件；抚恤死伤，死者 3 万元，重伤 1 万元，轻伤 5000 元；因上次工潮失业者复职；今后无故不得开除工人等。10 项要求提出后，厂主置若罔闻。工人们在限时过后立即举行了全厂罢工。内外棉、隆兴纱厂工人闻讯起而响应，于是，掀起了青岛纱厂工人第三次同盟罢工浪潮。

对于这次同盟罢工，日商厂主一开始就通过日本政府向中国当局施加压力，要求出兵镇压。恰在此时，山东督办张宗昌来到青岛。驻青日本领事、日商纱厂厂主及青岛官宦商绅设宴为张"洗尘"，宴会上极力诬称工人罢工是"乱党赤化"。青岛大资产阶级的代理人诽谤替工人说话的青岛《公民报》主笔胡信之，称其宣传"赤化"，鼓动风潮，唯恐天下不乱。张宗昌在接受中、日反动势力 30 万元的贿赂之后，决定再一次向罢工工人开刀。

7 月 26 日，张宗昌命令其前敌执法副司令尹锡吾率大批军警开往四方工厂区，封锁交通，包围工厂和工人宿舍，搜查工人住所。他们逮捕了几十名工运骨干，捕走了一批学生。李慰农、胡信之亦被逮捕。同时被捕的还有中共山东地执委成员刘俊才、胶济铁路总工会委员长丁菊畦等人。与此同时，张宗昌下令封闭了胶济铁路总工会、沪青惨案后援会等。

7 月 29 日，李慰农、胡信之被害于青岛西南角的团岛。

在这次大搜捕中，反动当局没有发现邓恩铭、傅书堂等人的踪迹，便下令通缉邓恩铭、傅书堂及其他工人积极分子 600 多人。"青岛完全在恐怖世界中，警察保安队都到处捕拿共产党，暗探有六百名之多，沿胶济路一直布到济南"[①]。

邓恩铭并没有被险恶的形势所吓倒，仍不停地往来于各厂工人中间，了解情况，研究对策，指导工人的斗争。

罢工再次被血腥镇压后，张宗昌和胶澳当局竭力封锁消息，掩盖罪行。

---

① 《向导》第 126 期，1925 年 8 月。

但纸是包不住火的。当时全国的几家大报纸如《申报》《晨报》《大公报》以及《民国日报》等都很快作了报道，从而引起全国各界的愤怒声讨。为了使全国各界了解惨案的真相，寻求支援，邓恩铭不顾个人安危，沉着工作。他派韩文玉、伦克忠和盛兴泉、孔宪春以胶济铁路总工会代表的名义分别赴北京和上海，向各界揭露张宗昌的罪行。

邓恩铭亲自代盛兴泉、孔宪春写了《胶济铁路总工会代表泣告书》。《泣告书》中写道：

> 全国男女同胞乎，在外人横行，到处屠杀同胞之际，抑知青岛之事件否？五月二十九日青岛日纱厂工人死于枪弹之下八人，重伤者十七人，被捕者七十五人，押解回籍者三千人。不料本月（指7月）二十六日又遭摧残，计被枪杀者有《公民报》记者胡信之君，工会职员王伦（即李慰农）君，被捕二十五人，因通缉而流离失所者不计其数。呜呼惨矣！被害者何罪？爱国实为其罪，不甘受日人蹂躏，奋起自存，亦为其罪耳。回忆青岛一隅，幸赖国人历年之奋斗，更不知经几许之牺牲，始得由日人手中收回。谁知收回其名，而青岛人民，实尚直接间接受日人之摧残屠杀，如亡国奴者然。国人皆集其视线于沪汉粤各案，而青岛人民亦同为爱国同胞，亦同为爱国而受世所罕闻之屠杀，当此国人热心沸腾之际，谅也不能淡然置之。兴泉、宪春为胶济铁路工人之分子，九死一生，幸得逃脱，受全路工人之托，不得不将青岛屠杀事件之真象，为我国同胞泣泪陈之。

在详述青岛日商纱厂工人的悲惨状况和军阀张宗昌屠杀工人的情况后，邓恩铭愤恨地写道：

> 呜呼！天下之黑暗，可谓无以复加矣！在日人素视青岛为囊中之物，安肯泰然失之，故必杀尽青岛之爱国人民而后快。国人对之，惟有卧薪尝胆，一息尚存，亦必誓死反抗之。独我国当局竟不惜为日人负屠夫之任，此则更可痛者，亦为我国人所万不能忘者。兴泉、宪春虎口余生，欲哭无

泪！用敢将经过真象，哀告国人之前，幸垂察焉！ ①

　　盛兴泉、孔宪春携带邓恩铭撰写的《泣告书》到上海后，得到中华全国总工会上海办事处的支持。他们在上海工、商、学各界群众团体中演讲，并向各界散发了《泣告书》，引起了上海各界的广泛同情。1925 年 8 月 15 日《民国日报》报道说："青岛胶济总工会前因青岛日人二次惨杀工人案，特派代表盛兴泉、孔宪春于前日来沪，要求各团体援助。前日由中华全国总工会办事处绍介工商学联合会访问，该会允俟委员会开会时，讨论援助方法。昨日该代表特发出泣告书数千份，全文约万余言，历述日人惨杀工人及官厅压迫之经过，末叙胶济路上之沪案后援会被迫解散时，已聚集之捐款二千元……"

　　去北京的工人代表韩文玉、伦克忠等人得到中共北方区委和北京学联的支持，在天安门广场召开的万人大会上，控诉了刽子手张宗昌的滔天罪行。北京学联据此编成《张宗昌祸鲁十大罪状》，广为散发，并刊登在《益世报》上。消息传出，引起了全国人民对中外反动派的一致仇恨和对受难同胞的深切同情。

　　为揭露张宗昌的丑恶嘴脸，邓恩铭满怀悲愤地画了一幅题为《张贼宗昌之残忍》的漫画。画上的张宗昌，一身戎装，两只牛眼，满脸横肉，高举着鲜血淋淋的屠刀，活活地刻画出张宗昌那骄横、残暴、贪婪的反动本质。

　　在青岛敌人大搜捕的日子里，邓恩铭时而西装革履，时而长袍马褂，时而一身工装。他凭着自己的机智，工人群众的掩护，以及国民党左派人士鲁佛民等人的通风报信，巧妙地躲过了便衣警察一次又一次的盯梢和追踪。

---

① 《向导》第 124 期，1925 年 8 月。

一天，邓恩铭随身带着党的文件和手枪外出。他走到街上时，警惕地向四周望了望，发现有几个形迹可疑的人在身后。他知道自己又被便衣警察盯上了。为了甩掉敌人，他故意转了几条小巷，敌人还是紧跟不舍。于是，他又回到大街上在熙熙攘攘的人群中穿行，走着走着钻进了一家熟识的理发店。

理发店一位姓张的师傅是理发工会的会员，与邓恩铭熟悉。邓恩铭从容镇定地选了一个从理发镜中可看到店门的座位，招呼张师傅给他理发，并示意张有人盯梢。张师傅心领神会，急忙让邓恩铭坐下来，拿起推剪用身体遮住了邓恩铭。这时，邓恩铭从镜子里看到门口有一个戴礼帽的人探头探脑地向店内张望，而后就站在门口，把店门封住了，不准人进出。这时，街上笛声四起。邓恩铭立刻明白，这是警察在盘查行人。他故意装作毫无所知地问身旁一个顾客："外面出了什么事？"那人随口答道："抓共产党呗！"

警察很快就要到店内盘问搜查，张师傅紧张地思索着让邓恩铭脱险的方法。邓恩铭却沉着镇静，毫无惧色。张师傅想好办法后，拍了拍邓恩铭的肩头说："来，洗头！"

邓恩铭站起身来，瞟了一眼门口，见那个戴礼帽的人没有什么反应，便跟着张师傅来到洗脸池边。张师傅假装要给他洗头，附在他耳边悄声说：走后院，翻墙出去！邓恩铭趁门口那人把头转向大街的一刹那，闪出侧门来到后院，接着跳过厕所边的墙头，到了一条僻静的街上。他向四周看了看，见没有警察封锁，便快步离开了。

形势越来越严峻。通缉邓恩铭、傅书堂等人的通缉令贴满青岛市的大街小巷，邓恩铭不得不转移到外地。为躲过警察的盘查，他化了装，徒步行走七八十里，从城阳、蓝村一带的小火车站，登车远去……

第十章

恢复整顿党组织

担任山东党组织负责人

张宗昌镇压了青岛日商纱厂工人第三次同盟罢工后，于 1925 年 8 月初回到济南，立即通缉山东和济南的共产党、青年团组织负责人、活动骨干 13 人，查封了工人、学生、工商各界爱国团体和进步刊物，全省的群众反帝爱国运动转入低潮。8 月 19 日，年仅 27 岁的中共山东党组织创始人之一的王尽美不幸病逝，使山东的革命运动受到重大损失。

在这危难之际，邓恩铭出任中共山东地方执行委员会书记。他与其他地执委委员一起，不顾严重的白色恐怖，恢复、整顿济南、青岛等山东各地的党、团组织和工会。

9 月，中共中央执行委员会扩大会议听取了山东工作报告，并通过了《山东报告议决案》，对"山东工作报告颇为满意"，认为"山东幼稚的党部颇合于布尔什维克的精神"，同时，要求山东党组织"继续进行党和工会的秘密组织""立刻开始在农民中做政治宣传和农会组织的工作"，并充分注意"青年运动和国民党的工作"。

10 月，邓恩铭在青州东圣水村主持召开了山东地执委扩大会议，总结了五卅运动以来的经验教训，研究了党、团组织的发展及群众运动等问题。

邓恩铭在济南工作期间，通过丁君羊介绍，认识了日照县在济南求学的进步青年陈雷、安哲、郑天九、李平章、丁观海、郑修廷等人。

丁君羊，又名丁基实，日照县涛雒西官庄人，是国民党元老丁惟汾的侄子。1923 年在上海同济大学读书时加入中国共产主义青年团，1925 年经党组织派遣来到济南的齐鲁大学，以读书为掩护开展秘密的革命工作，同年由中共山东地执委书记尹宽和王翔千介绍加入中国共产党。

邓恩铭热情地向陈雷等进步青年学生介绍了苏联人民的革命和建设情

况，指出中国必须在共产党的领导下走十月革命的道路，希望进步的青年要关心国家大事，探索革命的道路，充当解救民族危亡的先锋。不久，邓恩铭又同丁君羊一起帮助陈雷等组织起一个学习小组，学习小组定名为少年日照学会。少年日照学会每星期在齐鲁大学聚会一次，学习、研究《共产党宣言》等进步书籍和刊物。邓恩铭不论多忙，总是按时参加聚会，同大家一起讨论，启发青年人认识社会发展规律。陈雷等在邓恩铭的引导下，不断提高革命觉悟，后来都加入了中国共产党，走上了革命的道路。

邓恩铭在济南仍住在叔叔黄泽沛家中。他每天出出进进，为革命事业而奔波。堂弟和弟媳都看在眼里，痛在心上，更为他的安全而担心。

有时，他们劝说邓恩铭："外面风声很紧，你千万要小心啊！"

邓恩铭总是笑笑说："不怕，人总是要死的，有的人不做什么事，还不是也死了。"

就在这期间，邓恩铭收到贵州老家六弟的来信，信中言辞真切地讲了家中的艰难生活，希望邓恩铭给以经济上的帮助。以革命为职业的邓恩铭，自己生活都十分困难，哪有钱寄给家中。他只能委婉地回信告诉父母和弟弟："……在这样的时代，实无我插身之地，兼之我又不会巴结，所以在外漂泊两年，只能谋个人的温饱，无力顾家，这实在是不得已的事情，不是我目无家庭也。"[1]

第二次被捕

1925 年 11 月 7 日清晨，邓恩铭与省地执委几名委员正在机关开会，研究纪念"十月革命节"的活动时，数名警察突然闯进屋来，不由分说地

---

[1] 邓恩铭家信（1925 年 9 月 20 日）。

逮捕了邓恩铭等人。

邓恩铭由于常年为革命事业奔波操劳，虽然年轻但身体受到严重损害，染上了肺结核病。入狱后，多次受刑，引起肺结核病发作，颈部也患上了淋巴结核。酷刑、重病交加，也奈何不了共产党人的钢铁意志，邓恩铭始终坚强不屈。

国民党山东省党部得知"省执行委员邓恩铭"被捕，积极营救，但苦于"有好多困难"而束手无策。中共山东党组织通过各种渠道，千方百计进行营救。当时，警方虽然逮捕了邓恩铭，但是并不知道他的身份，所以允许具保开释。党组织找到了邓恩铭的两位当官的贵州同乡，经过劝说，他们同意作保。这时，邓恩铭的堂弟媳滕尧珍也四处托亲拜友进行营救。她接受党组织的嘱托，慨然解囊，贿动警方。经过多方努力，邓恩铭终于以"保外就医"出狱了。

出狱那天，邓恩铭身体十分虚弱，他面色苍白，步履艰难，力不能支。接他出狱的滕尧珍看到他那样子，忍不住流下了眼泪。而邓恩铭却活动着双腿笑着安慰堂弟媳说："不要难过嘛，我不是好好的吗！坐牢算啥，往后还得同那些狗斗一斗。"

邓恩铭出狱后还住在黄家。经过这场变故，黄泽沛对这位侄子有所不满，他命令邓恩铭不得参与政事，要安心养病。邓恩铭理解叔叔的心意，但决不能放弃革命事业。他照样跑工厂，到学校，宣传共产党的方针、政策，发展党、团员。有时一出去就是十天半个月，风尘仆仆地回来后，又约集一些同志在卧室中开会。

这期间，堂弟媳滕尧珍给了邓恩铭不少帮助。她为邓恩铭传递报刊、文件，将自己的私房钱供给邓恩铭使用。

滕尧珍，贵州客家人，出身贫寒。她是由邓恩铭函柬说亲嫁给黄家的。受邓恩铭的熏陶，同情革命。

邓恩铭被捕的消息传到贵州荔波县老家后，父亲邓国琮寝食不安。他不顾巨大的花费和旅途的艰辛，千里迢迢地赶到济南。这时，邓恩铭已经出狱。父亲看着虚弱的儿子，眼泪禁不住顺着脸颊流了下来。他心痛地说，千万不要再在外面乱跑了，万一又惹出乱子来，全家人都跟着担惊受怕。邓恩铭深感父亲的一片爱子之心，但他知道，革命的道理，跟父亲是一天两天解释不清的。于是，他只能用好言好语安慰父亲。

邓恩铭在黄家住了一段时间后，当身体稍有康复，就悄悄地离开了。

邓恩铭被捕后，孙秀峰等三人组成了中共山东临时执行委员会，继续领导革命斗争。1925 年底，中共中央派张昆弟到山东，整顿党的组织。1926 年 2 月，根据中央的指示，组成了新的山东地执委。新的地执委由张昆弟、刘俊才、李耘生、王兰英等组成，张昆弟任书记。

邓恩铭离开黄家，来到了淄博矿区。在这里，他以小学教员的身份，一面养病，一面指导矿区党组织的工作。1926 年春节前，邓恩铭又从淄博来到了寿光县开展党的工作。

在寿光，邓恩铭住在张家庄的张玉山家中。张玉山，时任中共寿光党支部书记。邓恩铭住下后，很快就同当地农民交上了朋友，并亲自到农民夜校上课。为了启发农民的觉悟，认识自身的价值，邓恩铭编了一些通俗上口的歌谣，教给农民唱。其中有这么一首：

为农好，为农好，

尽心耕种就得饱。

待到春雨降，

呼童耕宜早。

知心邻家伴，

荷锄走相照。

不但是同日，

又是与同道。

虽然官绅都轻农，

为了传播革命思想，邓恩铭努力联系当地的进步教师和学生，经常聚集在一起谈论国内外大事，介绍一些马克思主义的观点。为了解决寿光党组织的活动经费，邓恩铭在春节来临时，写春联拿到集上去卖。

再赴青岛整顿组织

1926 年春，邓恩铭的活动被寿光县当局所注意。党组织为了邓恩铭的安全，护送他离开寿光。不久，党组织派邓恩铭到青岛。

1925 年 7 月以后的青岛形势，一方面是反动当局变本加厉地摧残革命力量，一方面是共产党人继续领导工人、学生和各种进步力量进行不屈不挠的斗争。

1925 年下半年，邓恩铭离开青岛后，党指定王复元为青岛党组织负责人，重新组成中共青岛支部，整顿党的组织，同时派共产党员鲁伯峻到青岛，加强党对工人运动的组织、领导。新的青岛支部根据形势的变化，将工作重心放在沧口工人区，并在阎家山水源地成立了胶澳商埠水道局工人俱乐部、工人子弟小学、工人夜校，以此为掩护，在钟渊、富士、宝来、华新等厂和阎家山、李村等处组织发动群众，开展斗争。在斗争中，党的组织得到了发展。这期间，中共青岛支部改为中共青岛支部干事联合会（简称"支联"）。1925 年底和 1926 年初，敌人先后破坏了青岛党组织。1926 年春，中共山东地执委决定将潍县以东地区划归青岛领导，为了加强青岛这一地区党的领导力量，派邓恩铭、傅书堂重返青岛。

以邓恩铭为首的中共青岛党组织负责人，鉴于政治环境恶劣，转而采取隐蔽的工作方式，将工作重心放在发展组织，积蓄力量，提高党、团员素质方面。

首先，对各级党组织进行了整顿。先后恢复了四方机厂、青岛机务段党支部，在各纱厂建立了党小组。同时恢复、建立了胶澳中学、四方机厂、大康、内外棉、隆兴、钟渊、宝来、华新、农民9个团支部，并在市内建立了两个秘密联络点。到1927年时，青岛有党员50余名、团员近百名。在进行组织建设的同时，还加强了党、团员的思想建设。1926年5月，支联在沧口建立了训练班，轮流对党、团员进行共产主义思想、工人运动历史、组织纪律和秘密工作方法的教育。通过组织整顿和思想教育，提高了党、团组织的战斗力。

其次，加大党内外的宣传力度。邓恩铭等主编了《红旗》《铁路工人》等内部刊物，还通过自己建立的地下印刷厂翻印了《共产党宣言》等书籍。每逢"五一节""十月革命节"等纪念日，支联都组织人员秘密散发传单、张贴标语，宣传革命道理，扩大党的影响。

再次，加强了对农民的教育、组织工作。1926年春，青岛党、团组织专门研究了开展农民运动问题，决定在郊区组织农民协会。之后，即派专人到浮山后和李村发动、组织农民。夏天，先后建立起中共浮山后村、双山、埠西三个党支部。同时，还建立了俱乐部和武术馆等组织，通过演戏、习武等形式，联络群众，开展农民运动。

通过邓恩铭等支联领导人的艰苦工作，青岛党、团组织和革命斗争又有所恢复和发展。

第十一章

领导山东农民暴动

出席中共五大

1926 年 5 月，国民革命军第七军一部和第四军叶挺独立团等作为先头部队，出师北伐。7 月 9 日，国民革命军正式出师北伐。由于共产党人在军队中卓有成效的政治工作和努力发动工农群众进行支援，国民革命军进展迅速。到 1926 年底，已歼灭了军阀吴佩孚、孙传芳两部的主力，控制了江苏、浙江、安徽以外的南方各省。冯玉祥部也已控制西北地区，准备东出潼关，响应北伐军。随着北伐战争的胜利进展，湘、鄂、赣等省的工农群众运动以空前的规模迅速高涨起来，北方人民的革命斗争也向前发展。

当工农群众运动在两湖和江西高涨的时刻，中共中央的领导机关仍远离革命风暴的中心而留在上海。当时，党中央的主要领导人陈独秀的思想和行动都落后于形势，并且对建立共产党直接领导的武装，没有给予足够重视。1926 年 11 月，北伐军在江西战场上取得决定性胜利后，革命阵营的分裂已经明朗化了，蒋介石公开暴露出反共面目。面对这一局势，党应采取怎样的对策？1926 年 12 月 13 日，中共中央在汉口召开了特别会议，通过了《关于国民党左派问题议决案》，规定从各方面帮助国民党左派，以同右派势力的反动倾向作斗争。幻想以退让求团结，没有解决党在迫在眉睫的危局中如何生存并坚持斗争这个极端重要的问题。

以陈独秀为代表的右倾机会主义严重地影响着山东的干部。在青岛，有的同志存在着消极畏难情绪，不敢斗争。对此，邓恩铭严肃地批评说："群众的表现比我们的同志愤慨、勇敢得多，我们的同志不但不能急起直追，反而不闻不问，更说不到领导了。"他认为这种情形是"山东整个党的保守政策的必然结果"。

1927年3月，邓恩铭来到了武汉，准备向党中央汇报工作。不久，蒋介石公开背叛革命，发动了四一二反革命政变。

四一二反革命政变后，中国国内的政治局势发生了根本性的变化。在这紧要关头，中共五大于1927年4月27日至5月10日在武汉召开了。中共山东区执委书记吴芳出席了五大，邓恩铭也出席了五大。邓恩铭同许多人一样，期待着这次大会能清醒地判断局势，回答人们如何从危难中挽救革命的问题。可是，这次大会没能在党面临生死存亡的时刻，为全党指明出路，提供强有力的领导。

中共五大举行期间，吴芳、邓恩铭向中共中央汇报了山东省党的工作。五大以后，邓恩铭继续留在武汉。这时，他应邀到毛泽东任书记的中共中央农民运动委员会主办的武昌农民运动讲习所讲课，向学员介绍了山东的工人和农民运动情况。他还担任了战区农民运动委员会委员。邓恩铭在武汉期间，看望了正在农民运动讲习所学习的山东学员丁祝华、王云生、陈雷、吴晓初、隋清梅、王元盛等二三十人。一天，陈雷邀刘谦初一起去看望邓恩铭。邓恩铭虽是一脸倦容，但仍热情地接待了他们。他详细地询问了陈雷、刘谦初的工作、学习情况，讲了许多鼓励的话。当陈雷提出自己在山东还没有履行入党手续时，邓恩铭答应做陈雷的入党介绍人，介绍陈雷加入了中国共产党。

1927年6月19日，邓恩铭参加了在汉口举行的第四次全国劳动大会。大会号召工人阶级同农民、小资产阶级结成坚强的同盟，坚决反对蒋介石的叛变，继续深入开展革命斗争。不久，汪精卫又发动了七一五反革命政变，叛变革命，残酷屠杀共产党人和革命人民。邓恩铭深深地憎恨国民党右派对共产党人的迫害。此后，邓恩铭离开武汉，经过上海，于8月回到山东。

贯彻八七会议精神

1927 年 6 月间，根据中共中央的决定，中共山东区执行委员会改为山东省委员会，吴芳任书记。8 月下旬，山东省委在鲁北平原县召开扩大会议。因吴芳这时在济南遭敌人通缉，会议决定改组省委，调吴芳任青岛市委书记，由邓恩铭任省委书记，丁君羊负责组织工作，王元盛负责宣传工作。会议决定在全省进行"清党"，并决定派巡视员到各地巡视，指导"清党"。

8 月 7 日，中共中央在汉口召开紧急会议。会议确定了实行土地革命和武装反抗国民党反动派的总方针。会议选出中共中央临时政治局，瞿秋白、李维汉、苏兆征为政治局常务委员会委员。

由于当时党处在危急时刻，所以直到 9 月 15 日山东省委还没有接到关于八七会议的正式文件。以邓恩铭为书记的山东省委在 9 月 15 日致中央的信中说："此地对于党的此次改变组织之系统及详细内容均不详细，如有此项文件，请用英文通信，地址，寄青岛，此地址曾交上海。"就在这封信中，提出了邓恩铭的工作调动问题："恩铭同志现已还鲁，并且现已担任省委书记。但因恩铭同志在鲁因环境关系，不能久住。但山东近来颇需指挥人材，故恩铭同志走后，山东工作必遭重大损失。故请中央派一指挥人材来与恩铭同志对调。"[①] 信中还要求中央同意山东派出 100 人到苏联受训。9 月 30 日，中共中央复信山东省委答复所提出的问题。信中说，邓恩铭暂不离鲁，原因是全国各地都一样，党只能在秘密中工作；中央准备调刘少奇任山东省委书记。后来，因为刘少奇有病住院而没有到职。对

---

① 中央档案馆、山东档案馆：《山东革命历史文件汇集》（甲种本第二集），第 271—272 页。

于派人到苏联受训一事，信中答复"暂不进行"。

10 月 10 日至 11 日，邓恩铭主持省委扩大会议，贯彻八七会议决议。在会议中，有人指责此前的山东党组织"完全是在机会主义政策之下，工作方针是'先宣传后组织再暴动'"。这种批评有失公正。自 1925 年 7 月山东的革命运动进入低潮后再也没有复兴起来。1927 年 5 月 20 日，中共山东区委机关及济南市大部分党组织又遭到严重破坏，10 名党的负责人被捕，李清漪、李子珍、陈仁甫、鲁伯峻 4 名共产党员被杀害，党的工作一度停顿。8 月才回到山东担任省委书记的邓恩铭，在短短的两个月内要恢复、发展山东党组织，进行暴动，显然是不可能的。这次会议改组了省委，选举了 11 名委员和 3 名候补委员，卢福坦、邓恩铭、王元昌、丁君羊、傅书堂 5 人为常委，卢福坦接替邓恩铭担任省委书记。选举结束后，许多党员表示不满。邓恩铭虽然有自己的看法，但为了党的团结，还是尽力说服大家。

制定武装斗争的工作方针

八七会议召开三个月后的 1927 年 11 月 9 日至 10 日，中共中央临时政治局又在上海召开了扩大会议。邓恩铭代表山东省委出席了会议。会议通过了《中国现状与共产党的任务决议案》等决议，号召一切革命力量在共产党领导下，坚决反对帝国主义，推翻国民党的统治，领导农民暴动。会议接受共产国际代表罗明纳兹的"左"倾观点，认为中国革命的性质是"无间断的革命"，从而混淆了民主革命和社会主义革命的界限；不承认革命处于低潮，认为"现时全中国的状况是直接革命的形势"，据此确定了实行全国武装暴动的总策略。在革命的对象方面，会议认为蒋介石的叛变就是整个民族资产阶级的叛变，汪精卫的叛变就是小资产阶级的叛变，所以在反帝反封建的同时，还要反对民族资产阶级和上层小资产阶级。会议还规定了一系列过左的政策，如要求在农民暴动时"极端严厉绝无顾惜地杀尽豪绅反革命派"。会议对八七会议之后各地武装起义所遭受的失败和挫折不加具体分析，片面地指责起义领导人犯了"机会主义"的错误。

中共中央临时政治局扩大会议后，临时政治局又制定通过了《山东工作大纲》。这个《大纲》全面系统地贯彻了临时政治局扩大会议的精神，要求山东省委在组织上"坚决的改造各级党部，提拔新的积极分子到各级指导机关，撤换对于新政策的游移、反对或消极怠工的分子"，从农民暴动中和工人斗争中吸收勇敢的农民、工人入党；在政治上立即进行广大的鼓动，打破民众对国民党新军阀的幻想。《大纲》指出，"目前山东的环境是发动土地革命的极好机会"，要求省委"坚决地执行中央扩大会议所指示的策略，领导工农群众勇往直前地斗争"。《大纲》存有明显的"左"的错误。

11 月中旬，回到山东的邓恩铭，立即召开省委扩大会议，贯彻中央临时政治局扩大会议精神和《山东工作大纲》。会议作出了《关于今后工作方针的决议》。这个《决议》决定，"要急速地进行武装的工作"，在农民中必须组织与武装同时并进，有的地方甚至要先武装后组织。《决议》要求党不但要依靠自己的力量解决张宗昌，还要在解决张宗昌的同时解决土豪劣绅，实现农民革命。这个《决议》，号召组织暴动是对的，但是不顾客观条件，不作严密的组织发动工作，甚至要先武装后组织，这样的暴动是非失败不可的。显然，《决议》接受了中央"左"倾盲动的方针。

11 月 28 日，中共山东省委常委举行第七次会议。会议对常委进行了改组，由五人减为三人，免去卢福坦省委常委、书记的职务，免去傅书堂省委常委的职务；由邓恩铭、丁君羊、王元昌三人为常委，邓恩铭为书记，丁君羊负责组织工作，王元昌负责宣传工作。邓恩铭再一次担任省委书记。这次会议后，省委派人到各地贯彻中共中央临时政治局扩大会议精神，改组各地党部，组织农村武装暴动。

邓恩铭担任省委书记后，立即向中央综合报告了山东的情况。报告的正文分"政局的分析""党的现状""工农运动状况"三部分[①]。

在"政局的分析"中，邓恩铭首先分析了驻山东军阀张宗昌与奉系军阀、与军阀孙传芳、与日本人的关系，又分析了张宗昌的实力、张宗昌与冯玉祥之间的战争、山东的财政情况，然后据此得出了党在山东政治斗争的总策略，即"令各地有党组织的地方，立即开始领导农民夺取张宗昌军警的武装，尤其是要集中力量在几个已经暴动的地方，一方面夺取张宗昌的武装促其速倒，一方面准备与冯军奋斗。在这些暴动中，实行没收地主的土地，杀官吏，杀豪绅，杀地主"。这个总策略规定，既要与张宗昌的军队斗，又要与冯玉祥的军队斗，显然是不顾党领导的革命力量的弱小，而实行全面出击。总策略又规定"杀官吏，杀豪绅，杀地主"，这样不加区别地盲目杀人，势必要脱离基本群众。

在"党的现状"中，邓恩铭报告说，当时全省大约有 1500 多名党员，其中多数分布在胶济铁路沿线，少数分布在鲁北、鲁西北、鲁南。党员的成分，农民占 50% 强，工人占 30% 强，其余不足 20% 的是小学教员和学生。党员的文化程度，除知识分子和少数铁路工人外，大多数的工农分子都是目不识丁。邓恩铭还报告说，山东的党组织除省委已改组外，其他各地党组织还没有改组。

在"工农运动状况"中，邓恩铭分别介绍了工运、农运的情况。他说，山东的工人运动"自 1925 年 7 月以来，一直沉寂到现在"。他认为"这种情形，是山东整个党的保守政策的必然结果"。他介绍说："山东的农民所受的剥削甲于中国，那么所受的痛苦当比任何地方的农民为甚了。所以，山东的农民革命的情绪非常之高，革命的空气非常之紧张。今年的大灾祸，

---

① 中央档案馆、山东档案馆：《山东革命历史文件汇集》（甲种本第二集），第 315—323 页。

使他们不得不铤而走险。"接着，邓恩铭在介绍了阳谷县农民围攻县城等几起自发的暴动后说："以上所举的几处暴动，都是自发的，不是我们所领导的。不过发动以后，我们都派人去参加，一般农民都很接受我们的主张、我们的指挥。"这里，邓恩铭将工人运动的沉寂归结于山东党的保守，是不完全正确的；把农民被迫铤而走险的自发斗争看作是"革命的情绪非常之高，革命的空气非常之紧张"，估计是过高的。后来斗争的实际情况证明了这一点。

为了在全省切实贯彻中共中央临时政治局扩大会议精神，邓恩铭在向中央报告后又以山东省委的名义向各地党组织发出了《党的新政策》①的指示。

《党的新政策》一开始就指出："党的新政策的决定远在八七会议中，而至今同志们尤滞留于旧的机会主义之中。"造成这种情况是"因为妥协犹豫毒汁渗入了组织，以致在党内政策的变动上也犹豫、妥协、敷衍下来"。接下去，对新政策作了概要的说明，"中国的革命现在已进展到根本破坏封建制度，以彻底完成反帝反军阀的民权革命而走向社会主义的时期"；"中国的资产阶级（民族资产阶级在内）一方面绝对不能同封建势力（豪绅地主）绝缘，或者他本身便是封建势力，一方面惧怕工农势力的膨胀，所以完全跑到反革命的营垒。至于小资产阶级，除去城市贫农、手工工人及贫农外，皆与资产阶级有不可分离之关系，是跟着他们跑的"；"中国共产党为了适应革命的新形势，当然要抛弃旧的联合战线，以至于流为机会主义的政策而决定新方针"；这个新方针是，"以无产阶级领导的工农（贫农）、兵士、城市贫民的群众暴动，根本消灭封建制度，解决土地问题，以彻底完成民权革命的阶段，无间断地走向社会主义。"

《党的新政策》从对资产阶级和小资产阶级对革命态度的估计，到革

---

① 中央档案馆、山东档案馆：《山东革命历史文件汇集》（甲种本第二集），第339—341页。

命的性质和任务的认识，都反映了中共中央临时政治局扩大会议的"左"倾错误的观点。在这份指示中，邓恩铭根据下列三点预言实行新政策一定会成功："（一）民族资产阶级不但不能以改良手段解决一点儿中国社会关系的矛盾，而稳定反动的统治，并不能统一自己的本身；（二）帝国主义不能帮中国发展资本主义；（三）各地工农的暴动，证明中国刚在重新爆发革命斗争的新高潮。"

组织山东各地农民暴动

邓恩铭自 1927 年 11 月中旬参加中共中央临时政治局扩大会议回到山东后，就与省委其他成员一起全力组织农民暴动。

11 月，胶东地区的胶州、高密、诸城一带的大刀会自发举行暴动，省委派共产党员宋国瑞、田泗先后回高密，建立革命武装。宋国瑞同大刀会首领议定：组织革命委员会，成立土地革命军，并规定了旗帜，提出如下口号：不准绑杀贫农及奸淫妇女；不还高利债务；耕田农有；取消民团（联庄会）；杀尽土豪劣绅；杀尽贪官污吏；反抗苛捐杂税；打倒张宗昌；打倒日本帝国主义；联合一切革命群众；拥护工农利益；反对屠杀工农之国民党。同时议定，由宋国瑞调集军事人才进行支援。及至宋国瑞再次返回时，大刀会已遭围剿而失败。不久，宋国瑞等又去高密东北乡争取土匪团伙暴动，没有成功。这期间，省委得知淄博的炭商准备罢业，就指示当地党组织参加进去，加以领导，准备暴动。同时，指示泰莱县委组织农协，准备暴动。

邓恩铭再次担任省委书记不久后的 12 月 3 日，以省委的名义制定了《胶东暴动工作大纲》。但是，胶东暴动由于缺乏强有力的领导和暴动队伍成分复杂等原因而失败。

这一时期，邓恩铭参与组织了陵县暴动。地处鲁北的陵县，农民同地主、军阀的矛盾十分尖锐。1926年秋，中共山东区执委派刚从广州农讲所受训回来的共产党员于佐舟回家乡陵县领导农民运动。八七会议后，省委对陵县红枪会与驻军的冲突，农民打死催粮差役等非常重视，认为有发动暴动的可能。

1927年11月，省委分析了山东军阀混战及56个县遭受灾害的形势，命令各地党组织立即领导农民暴动。不久，邓恩铭等省委负责人来到鲁北的平原县，召开鲁北县委所辖的8县党组织的会议。会议决定在陵县等地举行暴动，并成立了鲁北行动委员会。鲁北县委为了加强对暴动的领导，成立了陵县、德县农民暴动指挥部，确定于佐舟为暴动总指挥。12月12日，鲁北县委将《陵县暴动计划》上报省委。12月15日，省委就陵县暴动计划复信鲁北县委，就暴动的组织、宣传等问题提出了要求。

在山东省委和鲁北县委的密切关注和领导下，陵县暴动的准备工作加紧进行，逐渐形成了两个暴动区域和三部分暴动队伍。

两个区域即陵县城东北以于家集为中心的暴动区和陵县城南的约30个村庄的暴动区，三部分队伍即分别以于家集、宋集、魏家集为中心的暴动队伍。

暴动计划是南北夹击，内外结合，夺取县城。

另外，于佐舟还联络了城东部分民众及20多名土匪配合行动。

1927年12月中旬一天的傍晚，暴动开始了。北路队伍聚集起四五百人，急急地敲起鼓来。恰在这时，突然刮起大风。风声、鼓声混杂在一起，人们分不清哪是风声哪是鼓声。北路队伍焦急地等待着城内发出的信号，但信号迟迟地发不出来。部分农民等得不耐烦了，陆续撤走，坚持到最后的人在天快亮时也撤走了。聚集在城南的队伍，因没听到城北的鼓声，也没见城北队伍行动，就自动散了。

事后人们获悉，打入城内的于佐舟，因临时被他叔叔看押起来，所以没有发出信号。陵县暴动就这样流产了。事后，有的党员被通缉，有的党员被捕。

同一期间，以邓恩铭为首的山东省委提出以鲁西北五县为中心暴动区，准备暴动。1927 年 10 月，省委在鲁西北建立了中共东昌县委（又名鲁西县委）。县委成立后，集中精力组织武装暴动，中共党员杨耕心积极争取阳谷县的绿林武装首领韩建德，东昌县委负责人张干民、王寅生、赵以政在聊城与阳谷交界地区组织农民协会，计划举行农民武装起义。

1927 年 11 月，东昌县委根据韩建德愿意接受党的主张的态度，决定利用韩建德在阳谷县坡里举行暴动。县委书记张干民等亲自到济南向省委汇报。经过研究，省委同意了坡里暴动计划。12 月 13 日，山东省委发出了《关于阳谷暴动给东昌县委的信》，信中指出了对绿林武装首领应注意的问题，提出了暴动的准备与计划中应掌握的几项工作。

在这封信中，省委批评了东昌县委的一个观点。东昌县委认为红枪会众大多数都是青皮流氓，只知道报仇夺枪，所以没有去发动他们。省委批评说，"东昌县委根本还是站在统治阶级的观点上观察事实"，认为"贫农可说是完全是青皮流氓，乡村中只有这些穷疯了去抢掠，压迫急了来报仇的青皮流氓，才真敢拼命"，"至于自耕农以上的农民，至少是些保守者"。

这时，省委提出组织以聊城、博平、阳谷、堂邑、茌平五县为中心的暴动区域，估计参加暴动的群众当在两万人以上，计划使这一地区的暴动成为中国北方有影响的暴动。但在这时，韩建德对党的态度发生了变化，暴动的准备工作一度慢下来。

1928 年 1 月 10 日，中共山东省委发出了《关于发动农民斗争问题》的第十四号通告。这个通告，继续以"左"倾的观点看待当时山东的农村暴动的形势，认为山东的农民客观上已经暴动化了，而两个月来党在胶东、鲁北、东昌的努力都失败了的主要原因是，各地党组织有不敢去领导暴动的怯懦心理。通告要求各级党组织必须彻底地肃清这种新的投机妥协思想，只要客观上可能，即使主观上力量不足，也要勇敢地领导群众斗争。显然，这是一种冒险主义的指导思想。

1928年1月14日，韩建德带领几十个扮为教徒的人趁"晚祷"之机，占领了坡里天主教堂，缴获几十支枪和大批粮食，搜捕德国教士、修女七人。

韩建德占领教堂后，要求党组织派人参加。东昌县委当即派部分党员进入教堂，掌握暴动队伍。暴动队伍成立了农民自卫军，韩建德任司令，共产党人聂子政为政治部主任，孙大安为军事部主任，宋占一负责宣传工作。接着成立了东临地区革命委员会。东昌县委发布了起义文告，文告揭露了军阀的反动统治；提出了"打土豪，分田地，建立农民自卫军，建立工农革命政权"等口号和"实行民权，民选政府"的主张。同时，开仓放粮，将教堂储存的粮食分发给贫苦农民。

坡里暴动发生后，阳谷、聊城、博平等县党领导的200多名农民协会会员也参加了暴动队伍。坡里暴动，极大地震动了反动军阀。东临道尹陆春元调动所属各县的军警团队攻打教堂，山东督办张宗昌派出装备有钢炮、机枪的部队协助攻打。暴动队伍英勇抵抗，坚守教堂25天，终因寡不敌众，于2月7日夜趁风沙漫天之际撤出教堂。当队伍来到河北省大名县一带时，遭到直隶督办褚玉璞和张宗昌军队的夹击而失败。

在暴动接连失败的情况下，1928年2月1日，中共山东省委在坊子召开了第二次全体执行委员会议。会议对常委过去三个月的工作提出了批评，认为常委对新政策缺乏充分的了解，在工作中发生了种种错误，如对暴动的解释与估量不充分，把流氓地痞作为党的基础之一，忽视工人运动等，又如误解暴动和暴动准备不足。邓恩铭、丁君羊、王元昌三名常委在接受批评的同时做了答辩。他们说："本届常委正当新旧政策交替时期，既毫无经验，而以前党在群众中的基础又十分糟糕，对山东的各方的调查更绝少根底，可说是完全开始尝试，所以表现上只是努力地瞎碰。"除了这一原因外，他们又列举了一条："这个期间，所依据的指挥工作者便是北方局与中央的指导，但因北方局的指导适足以使山东工作陷于军事投机的错误（如北方局通告第二号）。中央对于暴动工作事前并无较具体的指导，只笼统地令我们作暴动计划，尤其游击战争，在先无详细的说明，因此我们便据于字面，误以为到处游击。所以山东工作走错了路，北方局和中央（尤其是北方局）要负相当的责任。"[1] 这个答辩是实事求是的，并非推卸责任。这次会议，给邓恩铭等三名常委以警告处分；选举了新的省委常委：卢福坦、王云生、刘俊才，卢福坦任书记。

会后，邓恩铭又回到了青岛。

---

① 中央档案馆、山东档案馆：《山东革命历史文件汇集》（甲种本第二集），第416页。

第十二章

震动全国的
越狱斗争

第三次被捕

1928 年春，邓恩铭到达青岛，接替吴芳任市委书记。这时，朱霄、孙秀峰分别担任组织部长和宣传部长。

到青岛后，邓恩铭暂住在被称为"市委之家"的甘肃路 17 号徐子兴家。

徐子兴，又名徐国祥，1899 年出生在山东省即墨县大吕哥庄一个农民家庭，1925 年加入中国共产党，后任中共青岛邮电支部书记、中共青岛市委委员兼宣传部长。作为工资较为丰厚的青岛邮局职员的徐子兴，将 80 多块银圆月薪的大多数都用在革命事业上。他的家，成为党的重要地下联络点之一，党的许多重要会议在这里召开，中央和省委派来的许多负责人在这里居住，被称为"市委之家"。1927 年，徐子兴用一家人省吃俭用节约下来的 192 块银圆，买了两支手枪交给党组织。同年秋，中共青岛支部联合会书记王星五等人被捕入狱，徐子兴典当了大部分家产，接济狱中同志的生活，营救他们出狱。

邓恩铭通过徐子兴，了解了青岛党组织各方面的情况后，决定将青岛党的工作提高到一个新的水平。他走访了阳谷路平原洋行和无棣路养蜂厂等从前市委的秘密联络点，搭起了党员之间的联系。他坚持参加各种类型的会议，教育大家一定要适应环境，保持活动的秘密性，既要加强同群众的联系，又要注意保存自己的力量，尽量避免暴露自己。

有位党员在纱厂开展工作时，逞个人英雄主义，故意和警察兜圈子。邓恩铭知道后，在党的会议上严肃批评他说：这是在警察那里挂号。地下工作者应严守秘密，避免无谓的牺牲。在大庭广众之下暴露自己，等于给自己贴标签。万一被捕，就会给党造成严重损失。

春夏季青岛雨水较多。邓恩铭提着一把伞，不畏劳苦，东奔西跑，进行革命活动。他串门走户，深入到工人中间，讲解革命道理，启发工人斗争的觉悟，坚定工人斗争的信心。他十分重视农民运动。当时，浮山后村已建立了党的组织，邓恩铭又在这里建立了团支部，并发动党、团员带领农民向地主展开了收回茔田、发还租地的斗争。

1928年5月3日，当蒋介石的军队进占济南时，日本政府借口"护侨"，派兵侵占济南商埠，大肆屠杀中国军民，并惨杀了中国外交人员蔡公时等17人。事件发生后，蒋介石下令军队不准抵抗，立即撤出济南。9日，日军对济南城区发起总攻，11日，全部占领济南。这一事件史称济南惨案，又称五三惨案。

五三惨案发生后，中共山东省委与共青团省委于5月6日联合发表《为反对日本帝国主义告山东民众书》，5月10日又发出《再告山东民众书》，号召民众反对日本帝国主义。

邓恩铭根据山东省委的指示，带领青岛市广大党、团员深入工厂、学校，组织工人、学生开展反对日本帝国主义的斗争。5月10日，青岛市各界人民举行游行示威，抗议日本帝国主义制造五三惨案，屠杀中国同胞的罪行。由于邓恩铭为首的党组织的发动和组织，一度低落的青岛人民的反帝爱国热情再次高涨起来，仅钟渊纱厂就有3000余名工人参加了游行示威。

在邓恩铭短短几个月的领导下，中共青岛市委的战斗力加强了，工作出现了新的局面。1928年7月，邓恩铭被调回省委。到济南不久，邓恩铭又被派到淄博开展工作。12月，邓恩铭回济南向省委汇报工作。翌年1月，因叛徒告密而第三次被捕。

邓恩铭这次被捕，是因为叛徒王复元、王用章兄弟二人的出卖。

王复元、王用章是中共山东党组织的早期党员，曾在党内担任过许多重要职务。1927年，党派王复元去武汉参加会议，在他回山东时，中央让他带回给山东党组织的活动经费1000元，竟被他贪污了。在当时艰苦的环境下，党的经费来源十分困难。王复元的行为，引起了党内同志的愤慨，受到了邓恩铭等人的严肃批评。然而，王复元非但不接受批评，改正错误，反而秘密同国民党接触。1928年上半年，王复元被开除出党后，投靠了国民党。在王复元叛变后不久的1928年底，王用章也叛变了。当时，济南尚在日军控制之下，国民党虽有党部，但却处于非法地位，不能明目张胆地行凶捕人。于是，国民党济南市党部主任委员殷君采便与二王一起，勾结伪警察第三分局局长隋得功，阴谋捕杀中国共产党人。

邓恩铭得知王复元、王用章叛变的消息后，不顾个人安危，及时通知一些在济南的二王认识的同志，到别处躲避，并想尽办法把二王叛变的消息告知其他地方的党组织。鲁广益（后改名余修）就是因及时得到邓恩铭的通知而幸免于难的。鲁广益，是鲁佛民的次子，1928年冬自青岛调到省委秘书处工作，并兼任团省委宣传部的工作，和邓恩铭非常熟悉。鲁广益后来回忆说：

腊尽春回的一个晚上，我一人坐在煤油灯下，静悄悄地正在看一本俄国小说。忽然听到窗外有急促的脚步声，待我起身出迎时，人已站在我面前，他不是别人，正是当时省委的主要负责人邓恩铭同志。

……

我的住处对一般人是保密的，但他是知道的。因为我和他没有发生过直接关系，所以，对他的到来，心里一动，预感到莫非出了什么意外的事，我立刻站起来迎接他，热情的握着手，迷惘地疑惑地望着他。

恩铭同志中等身材，体魄健康，白净而清秀的脸上，闪耀着英气勃勃的不凡气概，一副平光眼镜的后面，两眼放射着锐利的目光。他面有笑容地看着我，握着我的手，和我并肩坐在床沿上，他操着贵州的乡音，告诉我一个惊人的消息，语气严肃而低声地说：

"王复元叛变的事你听说了吗？"

……

"你要尽快地离开这里，离开济南，因为他非常熟悉你的身世和你目前的一切活动……""今晚把东西清理一下，有些文字东西尽快毁掉，最好今晚离开这里……"

他的话，句句像铁锤一样打在我的心上。他一边说着，不等我回答，就从衣袋里掏出 10 元一张的交通银行票子塞到我手里。

"快拿去当路费，先回青岛去。"他低头沉思了一会，接着吩咐我说："通知徐子兴同志，把这里了解的关于王复元叛变的情况，转告他，市委要及早作准备，应付这急变的局面，事关重大，你千万把这意见带到。"①

第二天，鲁广益躲开王复元的搜捕，乘火车去了青岛。

当时，中共山东省委机关就设在济南，省委书记办公处、秘书处和组织部在三大马路麟祥门外南魏家庄，驻机关的是省委工人部长傅书堂和李淑秀夫妇；宣传部在纬十路庆余里；团省委在西围子根。另外，在官扎营街和南市场省委外部交通耿贞元算卦处还设立了各县来省委联系工作的接头处。叛徒王复元、王用章对省委机关的情况了如指掌。为向主子邀功，王用章建议敌人采用守候或保留一两处机关为线索的方法，破坏党组织。由于当时党的负责人对王用章叛变缺乏应有的警惕，山东党组织遭到了严重破坏。

邓恩铭是 1929 年 1 月 19 日在其暂住的省委宣传部机关被捕的。同时被捕的还有宣传干事王崇五和朱岫蓉夫妇。随后，省委秘书长何自声、省学联负责人朱霄、省委巡视员孙秀峰、团省委代理书记宋耀亭、山东济难总会负责人杨一辰等 10 余人被捕。

为了保护山东党的干部，中央决定将王用章、王复元认识的党员调离山东，调省委书记卢福坦、组织部长丁君羊、农民部长刘俊才等到中央另行分配工作；调工人部长傅书堂、省委委员兼巡视员王元昌去苏联学习；

---

① 黄长和、莫开明：《回忆邓恩铭》，贵州民族出版社 1991 年版，第 15—17 页。

调青岛市委负责人武胡景到济南临时主持省委工作。但由于武胡景等缺乏秘密工作经验以及对王复元、王用章的反动性估计不足，党组织再次遭到破坏。1929 年 4 月上旬，叛徒王用章带领国民党特务破坏了共青团山东省委主办的《晓风》周刊社及共青团山东省委机关，逮捕了新任团省委书记宋占一、团省委宣传部长刘一梦等。随后，临时主持省委工作的武胡景、省委秘书长蓝志政、秘书张子英和王昭功、王永庆等 10 余人也陆续被捕。

第一次越狱失败

邓恩铭等人被捕后，关押在济南省府前街的警察厅拘留所内。被捕后，邓恩铭料到斗争是曲折而又复杂的。从入狱那天起，他就挑起了组织狱中难友进行斗争的重任。

当时，济南仍被日军占领，但在中国人民的强烈反对和国际舆论的压力下，日本政府不得不与国民党政府谈判解决五三惨案问题，因此，对被捕的共产党人的审讯较为简单。

对邓恩铭的第一次审问，只讯及姓名、年龄、籍贯、职业等，邓恩铭便以"黄伯云"的化名与敌虚与委蛇。

第二次审讯，只对所谓"有证据"的"首犯"王崇五、张锡五进行刑讯。

第三次审讯，只审问了王崇五、张锡五和杨一辰三人。

邓恩铭对狱中的难友十分关心。每当家中送来饭菜，他都把好一点的送给有病的难友吃。这种高尚的风格成为一种身教，感染着狱中的每一个难友。艰苦的狱中生活，使邓恩铭脖子上的淋巴结核又溃烂了。他痛苦难忍。一位党员看到邓恩铭那痛苦的样子，不顾肮脏，不怕传染，用嘴将脓一口一口地吸了出来。

1929 年 3 月 18 日，中日两国政府在南京正式签署《济南协定》。《协定》规定自换文签字之日起，至多在两个月内，日军完全撤出山东。随后，国民党政府在南京组成以崔士杰为委员长的济南接收委员会，负责接收工作。4月8日，接收委员会进驻济南，与驻济日军首领举行会议，商定交接程序和办法。交接工作开始了。

邓恩铭等狱中共产党人得知这一消息后，认真地分析了形势，认为国民党进驻济南以后，将会加大对共产党人的迫害，狱中的党员恢复自由的希望将会更小。为此，邓恩铭、何自声等决定：利用日军和国民党政府交接的机会，做好充分准备，寻找有利时机，发动越狱斗争。这一决定立即得到了狱中绝大多数党员的拥护。其中，杨一辰、朱霄表现最为积极。

计划确定后，邓恩铭、何自声、杨一辰等就秘密进行了组织准备。当时，被捕的党员在拘留所内分四室囚禁。杨一辰、朱霄和李宗鲁等关押在拘留所东北角一间囚室内，对面的囚室关押着邓恩铭等人。

在关押杨一辰等人的囚室里，还关押着16名土匪犯。这些人多是直鲁联军的军官，个个胆大力壮，且通军事，能打善战，是越狱时可以利用的重要力量。于是，邓恩铭、杨一辰等人积极进行争取土匪犯的工作。他们反复向土匪犯进行宣传：济案快解决了，国民党要来，冯玉祥军队快到济南；国民党对土匪犯十分严酷，颁布的惩治绑匪条例详细得很……使土匪犯感到不越狱就没有任何出路，为他们参加越狱斗争打下了心理基础。同时，杨一辰等积极与土匪犯头子李殿臣联络感情。当杨一辰将越狱计划向他透露后，李殿臣不仅赞同，而且表示愿意带头冲锋开路。之后，邓恩铭、杨一辰等又通过李殿臣跟其他土匪犯进行了联络。

由于邓恩铭等党员分作四室，消息传递不甚灵便，所以各室进展不一。当越狱的组织领导以及出狱后的疏散方向等问题还未及详细研究时，越狱计划不慎被杨一辰同囚室中的一个不坚定分子得知，他企图向敌人告密。性情鲁莽、处事不慎的李殿臣在这时仓促举事了。

1929年4月19日晚7时许，李殿臣等几个人借上厕所之际，打倒看守，缴枪十余支，鸣枪举事。杨一辰、朱霄、李宗鲁等人也不得不同时行动。由于总的准备工作没有做好，其他囚室的人事先不知他们的行动，因此，不仅没有思想准备，甚至连镣铐也来不及打开，根本无法参加越狱。

杨一辰、李宗鲁、朱霄和土匪犯等 15 人，从拘留所东大门的南墙壑处，翻越而出。这些土匪经过了长期的监禁生活，一旦自由，即如脱缰之马，猛不可当。当马路上的警察企图拦捕时，当即被其打死打伤各一名。接着，便夺路向章丘方向逃去。

当时，杨一辰身体很虚弱，还穿着棉鞋，行走困难，跟不上大队，于是就混入市民中，而后又隐蔽在他父亲的老师——济南正谊中学校长鞠思敏先生家中。他第二天混出城，第三天取道天津去大连，终得以脱险。

李殿臣等人逃至枣园时，却停步不前，去买"白面"吃，因而暴露了身份，及至跑到章丘，被身后追兵赶上，重又关入监牢。李宗鲁、朱霄二人也被捕回。

开展狱中斗争

1929 年 5 月，国民党山东省政府由泰安移驻济南，陈调元被任命为山东省政府主席。此时，国民党在山东的权位已逐渐为 CC 派所夺取，CC 派的头子刘涟漪驱逐了改组派分子取而代之，陈调元查封了由改组派和共产党的叛徒组织的国民党济南市党部。改组派组织的捕共行动组，一看形势不妙，纷纷逃避。因改组派和 CC 派勾心斗角，所以，CC 派对改组派移交的案件便不重视。陈调元本是一个军阀，只忙于财政和军事，把有关共产党人的案件交给省高等法院处理。这时，邓恩铭、何自声、朱霄、武胡景等人被转押到济南山东省立第一监狱。另外，国民党在各地抓捕的共产党员也由泰安押解到第一监狱。狱中的共产党人越来越多。邓恩铭领导狱中共产党人开展了有组织有计划的斗争。

在狱中，邓恩铭把党员组织起来，互相帮助，和衷共济。在第一监狱，在押的共产党员有 30 多名，大多数人的家庭比较贫苦。邓恩铭把比较富裕的党员的家属送来的钱物，集中起来，统一使用，公举负责人管理。

当时，30 多名党员分居在"洗、面、革、心"四个号内，每号又分为六个或五个小房，中间有走廊，同出入一个大门，所以，居住同一个大号的党员都可以见面，而各个大号之间的党员可以用书信联络。这样，每个大号有一名党员负责管理经济和分配事务，四个大号又有一总的负责人管理一切经济和分配事务。

关于经费开支，规定每人每天日常用费 20 枚铜元，若疾病、阅报、买书、送信等需要用钱，必须经过负责人征求大家同意才准动用。

当时与邓恩铭等押在一起的张福林回忆说："在监狱，党对我们十分关心，同志们之间也十分友爱，我们的房间里住三个人（有的住五个人），领导每天给我们两毛钱买菜吃，或者是买东西用。这些钱是同志们自己家里送来的，他们自愿拿出来交给组织上供大家使用。这些钱，除了用于买菜买东西等零用外，还用于买'书籍'买'状纸'，不仅供自己同志用，还帮助那些打土匪官司的买'状纸'、'写辩护书'，帮助他们解决困难，并对他们进行宣传教育，因此，他们绝大多数都拥护革命拥护共产党。"[1]

在狱中，邓恩铭等采取多种方式，对党员进行教育。他们给文化水平低的党员每人买了一本千字课本，指定专人负责教识字。谁学得好，除受口头表扬外，还有物质鼓励。

邓恩铭等还很重视做同囚室中一般犯人的争取工作，经常询问这些犯人案子的情况，教给他们如何辩护，或无偿地代作辩诉呈词，并借机向他们宣传共产党的主张和中国革命的前途，批驳敌人散布的共产党"共产共

---

① 黄长和、莫开明：《回忆邓恩铭》，贵州民族出版社 1991 年版，第 121 页。

妻""杀人放火"的谣言，所以，共产党人在一般犯人中的威信日益提高。

当时，国民党山东高等法院的改组工作正在进行，不少下级职员仍由日军占领时期的旧人员充任。这些旧人员并没有什么立场，只是混饭吃而已。邓恩铭等了解这一情况后，抓住一切机会对他们进行教育，使不少看守、杂役人员对共产党人产生了同情心理。

狱中的生活条件十分恶劣，一方丈大小的屋子住 30 多人，连脚都伸不开；虱子臭虫令人难以忍受；食品是每人一天 6 个高粱连粗壳做成的黑窝窝头，一片小小的咸菜和两碗白开水，根本吃不饱。为改善生活条件和政治待遇，邓恩铭在狱中发动领导了两次绝食斗争。

第一次绝食斗争的原因，是狱方给囚犯吃霉烂了的又苦又涩的高粱面，吃时咽不下去，咽下去又拉不出来，结果许多人都因此而生病。

第二次绝食斗争的原因，是济南发大水，狱方用装着小米的麻袋堵水，泡湿了的米很快就烂了，狱方就将这些霉烂的小米给犯人吃。

两次绝食斗争，都组织得很好，取得了胜利。何自声后来谈了第二次绝食斗争的情况："在这次绝食的运动中是非常整齐有秩序，推出代表与所长交涉，结果所长以下职员都吓得屁滚尿流而承认我们要求，并且开除所长丁一人，取消各号铺头，由所长指定的制度（改为）完全由囚犯公举。"[①] 此后，犯人的伙食有了改善。

组织第二次越狱

第二次绝食斗争后，共产党人在狱中的影响进一步扩大。狱方为了隔断共产党人同一般犯人的联系，将 30 多名共产党员转移到同一大号内居

---

① 讼棍（何自声）：《我们从反动监狱里自己释放出来了》（1929 年 8 月 11 日）。

住。不久，共产党人又经过斗争，获得了接近狱外探监人的权利。这为加强与狱外党的联系提供了更多的机会，也为邓恩铭领导的第二次越狱斗争创造了条件。

第一次越狱失败后，邓恩铭等又积极准备第二次越狱。他和何自声、朱霄、武胡景、王永庆等人一起，认真总结了第一次越狱的经验教训，认为第一次越狱存在着几个缺陷：（一）各囚室间没有很好的联系，消息不灵通；（二）缺少总的指挥和行动时的精密组织；（三）在犯人中进行发动组织时不够秘密；（四）没有按预定的原则确定日期而仓促发动；（五）逃出后没有一定的目的地，且成队奔跑，以致多被捕回。第一次越狱也提供了宝贵的经验，即行动要敏捷迅速，要合理配备力量，趁敌人不备时勇猛坚决地进攻。

第二次越狱的准备工作在秘密而紧张地进行着。邓恩铭十分秘密地进行组织策划，把越狱时的每一个细节都考虑得很周到，并制定了应变措施。

王永庆等秘密进行宣传鼓动。但天有不测风云，秘密计划被一自首分子探知了。面对这一紧急情况，邓恩铭、武胡景、何自声、王永庆等立即商定，采用声东击西的战术，迷惑敌人。

何自声、武胡景故意公开说，越狱，要说干就干，不干就马上停止，并且列举了许多困难，邓恩铭则当众宣布"停止这一冒险行动"。

与此同时，加紧进行越狱的准备工作。首先成立了由邓恩铭、纪子瑞、王永庆、武胡景、何自声五人组成的指挥机构，然后展开工作。按分工，邓恩铭、何自声把狱中的党员按身体强弱编成三个小队，以便行动，又对各小队行动中的配合、照顾，作了具体分工，将发起行动的信号和越狱后的疏散方向作了明确规定，还绘制了从各囚室到监狱大门的路线图。

邓恩铭等利用狱方允许政治犯与家人通信的条件，就越狱斗争同山东党组织进行了联系。党组织为策应越狱行动，准备了锯条等工具，通过家属探监的机会秘密带进狱中。武胡景巧妙地利用与家人通信时得到的信封，把厕所中用于清洁的石灰粉，装成一个个小袋，伪装成书信，放于信插，由每个同志以领信为名，悄悄带进牢房，作为越狱时的"特殊武器"。

为解决越狱疏散后的路费问题，除参加越狱的每个党员把零钱集中起来统一使用外，何自声把自己的一支金兜链，通过看守变卖了80元，自己留用20元，所余完全分配给各难友。

在这次越狱的准备工作中，邓恩铭发挥了至关重要的作用。何自声后来说：

> 在这次事件里面，恩铭同志就是在狱中同志最信仰的。因为恩铭同志在山东是最老而在同志中都很听他的话，所以我不过是影响他帮助他来干这个工作。如果当时由我一个人或者其他同志来指挥，我相信没有这么大的力量。这件事在我们已逃出的说来是成功，在未逃出的同志说来是失败，在整个的说来是没有完全达到目的。无论是怎么，这一工作的功绩我们是要推崇恩铭同志是一个主要动力，在他的坚决耐心的精神下作（做）出这么一回事是不可否认的①。

时间越来越紧迫了，坏消息一个接一个传入狱中。敌人组织了特别军法会审委员会，要对已判刑的政治犯重新审判，并且要轻判重，重判死。同时，因为何自声是中共中央派来的干部，敌人对他特别重视，准备把他单独提到南京受审。邓恩铭、武胡景、何自声经过研究，认为越狱的准备已大体就绪，而国民党又要单独把何自声押往南京受审，就决定提前越狱。

国民党南京政府为了欺骗人民，提倡建立所谓"文明监狱"。1929年7月，司法部派员到山东考察监狱状况。山东高等法院为迎接考察，上自院长，下至监狱的看守、杂役，连日奔跑，疲惫不堪，对犯人的看守比以前也有了放松。邓恩铭等决定趁机于7月21日越狱。

---

① 讼棍（何自声）：《我们从反动监狱里自己释放出来了》（1929年8月11日）。

越狱这天恰是星期日。晚饭后，大部分看守人员都交班休息去了，剩下的少数值班人员也个个无精打采。狱中难友表面上若无其事，可暗中加紧做着一切准备：系好鞋带，扎紧腰带，带上石灰粉……

突然，第一队越狱人员从囚室中一涌而出，打倒看守，夺下了第一道门，遂击钟发令。第二、第三队越狱人员听到钟声后，迅速行动起来，第二队除控制第二道门外，还夺下了看守警的枪支。

这时，雇工出身、身强力壮的王永庆，背起患病体弱的邓恩铭迅速冲出囚室。惊慌失措的看守们企图举枪镇压，第三队人员便用事前备好的石灰粉、沙土和棍棒，一齐打去。刹那间，石灰飞扬，棍棒四起，狱卒们猝不及防，纷纷抱头鼠窜。一个看守企图重新控制第二道门，阻挡越狱外出之路。身强力壮的刘昭章眼明手快，迅速冲上去将其打死。那些饱尝石灰粉滋味的看守，紧闭双眼，无法反抗。经过一阵激烈的搏斗，越狱人员又夺下了监狱的外大门，冲上大街，按原定计划，迅速分路疏散。

当参加越狱的18人逃离监狱之后，看守们才清醒过来，一面打电话，报告上级；一面纠集力量，进行追捕。

长期坐牢的人们，一旦自由，真像决堤之水，猛不可当。纪子瑞走在队伍末尾断后，用缴获的枪掩护战友撤离。

可惜，由于长期的监禁生活，大部分人身体孱弱，而他们穿戴又和众人不同，再加上道路生疏，邓恩铭、纪子瑞、朱霄、张福林、王凤岐等10余人又被捕回。刘昭章逃离监狱后，在北郊亲戚处隐蔽时被叛徒侦知，也被重新捕回。何自声、武胡景脱险后南去上海；蓝志政、孙秀峰北去天津；王永庆和李宗鲁则逃往东北。

邓恩铭领导的第二次越狱斗争，震惊了国民党当局，第一监狱看守长因"渎职"被枪毙；山东省高等法院受到南京政府的"戒饬"。这次越狱斗争，在全国造成了极大的影响，当时许多报纸纷纷报道，称之为"济南巨案"。1929年7月25日的《民国日报》报道说：

济南近月以来，经济南市党部协同公安局，前后捕获共产党男女共约50余人，业已陆续送交地方法院讯判。此项共犯自送到法院后，分别拘押，每间屋内拘三人，多未带刑具。每日下午六时，循例放风。在看守所之旁，堆有石灰。二十一日放风之际，甫开看守所之门，有共犯五六人，乘看守人不备，暗取石灰猛向三看守人眼部撒去，即将其枪支夺去，并用刺刀扎伤二人，该所所长朱子厚竭力拦阻，亦被其刺伤，法院门警恐其逃逸，将院门铁栅栏关闭，该犯等均纷爬铁栏，所长带伤率人截捕。斯时由看守所逃出者十八人，当场截获黄伯云（邓恩铭）、孙志乡（卿）、张子炎（朱霄）、张福林、刘海峰、张锡文、李玉培、徐新斋、王仁瑞、王凤岐、纪子瑞等十一人，余七人为李世安、王惠卿、蓝志政、刘兆（昭）章、李庆连、李宗鲁、王永庆，均越铁栏逃去。商埠一时宣布戒严，四出缉捕，尚未缉获云云。

　　邓恩铭等被捕回后，受到更加残酷的刑罚。但邓恩铭任凭拷打，始终不承认自己的真实身份，继续以"黄伯云"的名字与敌人周旋……

第十三章
CHAPTER THIRTEEN

英勇就义

白色恐怖笼罩山东

邓恩铭、武胡景等山东党的重要领导人被捕，山东省委遭破坏后，中共中央又先后于 1929 年 4 月中下旬派刘谦初及其爱人陈孟君（即张文秋），刘晓浦及其爱人曹更新来济南，恢复省委，领导山东党的工作。刘谦初任省委书记兼宣传部长，刘晓浦任秘书长，王进仁任组织部长，陈孟君任妇女部长。

此后，山东国民党对共产党的镇压进一步加剧，共产党的组织一次又一次遭到破坏。

7 月 2 日，由于叛徒告密，刘谦初夫妇、刘晓浦夫妇等八人被捕，省委机关遭破坏，济南的党、团员大部分疏散隐蔽，党的基层组织完全处于涣散停滞状态。

7 月 9 日、10 日，省委在青岛的两处机关遭敌破坏，五名党员被捕。由此波及淄川、高密、昌邑、潍县等地党组织，部分党员和革命群众被捕。

12 月 4 日，中共山东临时省委在青岛遭受部分破坏，临时省委宣传部长兼青岛市委书记党维蓉被捕。

1930 年 2 月 8 日，中共山东临时省委书记卢一之（吴丽实）与团省委工作人员李志英外出，在路上被叛徒指认被捕。李即供出自己和卢一之的住处，致使临时省委机关两处和团省委机关一处遭破坏，卢一之、省委秘书长雷晋笙等八人被捕入狱。刚刚恢复的济南党、团基层组织再度陷入涣散状态。

1930 年 10 月，韩复榘开始统治山东。他和国民党山东省党部负责人张苇村一起，疯狂地搜捕共产党人，迫害进步人士。只要韩、张指谁为共产党员，谁就会被当作"共产党嫌疑"而遭逮捕。济南城里，终日警车呼号，军警巡游，一批批"共产党嫌疑"被投进监狱。白色恐怖笼罩着济南乃至全省。

押进国民党山东省第一监狱的共产党人越来越多。邓恩铭与刘谦初、卢一之、雷晋笙、刘一梦等一起建立了狱中党支部，有组织地领导狱中难友的斗争。雷晋笙根据支部的要求，主动组织难友们学用密码和暗语互相传递消息。邓恩铭不时鼓励狱中难友坚定斗争的信念和革命的意志。据由邓恩铭介绍入党、被捕后与邓恩铭押在一起的马馥塘回忆：

> 一次，邓恩铭受审回来，满身血迹斑斑，却微笑着对我说，刚才过堂时，敌人问我是否认识你，我说不认识。邓恩铭不惜以流血和牺牲保护了我。邓恩铭还鼓励我说，目前统治者这种猖狂行为，只不过是一时的恐怖罢了。我的案情比你严重，恐难免遇难，如你能脱险，不要灰心，要再接再厉，与帝国主义和国民党反动派进行斗争。

邓恩铭等被捕后，中共中央和山东党组织积极进行营救。邓的贵州同乡再次接受党的委托，想方设法保释他出狱。1930年初，国民党南京政府出于政治需要，制造"特赦政治犯"的舆论。这时，党组织也加紧了对在押"政治犯"的营救。邓恩铭在1931年2月6日给家里的信中说："本年元旦政府特赦政治犯，幼云已在外遵令办理各种手续"，"本年有出狱希望"。

满腔热血洒沃土

1931年初，形势发生急遽变化，邓恩铭等出狱的希望化为泡影。原来，韩复榘统治山东不久，蒋介石即下令其率部去江西"剿共"，企图一方面增强"剿共"兵力，一方面借红军之力削弱非嫡系的韩复榘的力量。韩复槊为保存实力，便向蒋介石称山东"共匪"也很猖獗，他必须亲自坐镇，先"剿灭"山东的"共匪"后，方能出兵江西。为了向蒋介石证明自己言之有据，韩复榘组织了专门用来审讯共产党人的山东省临时军法会审委员会，将在狱共产党人从重从快判决。

山东省临时军法会审委员会由国民党山东省党部主任张苇村任委员长兼审判长。张苇村是山东国民党元老之一，1924 年 1 月曾出席国民党第一次全国代表大会。在国共合作时期，邓恩铭、张苇村彼此都很熟悉。蒋介石叛变革命后，张苇村亦步亦趋，在山东大肆镇压共产党人，曾对邓恩铭进行过迫害。当他得知狱中有个名叫"黄伯云"的共产党人，就猜想可能是邓恩铭。于是，他就安排了一场特殊的夜间审讯。

邓恩铭被带进了审讯室。

坐在审判席上的张苇村一时未能认出衣衫破烂、蓬头长发、瘦骨嶙峋的邓恩铭。注视好久之后，他才从消瘦刚劲的下颏、炯炯有神的眼睛中看到了当年邓恩铭的影子。于是，大声叫道："啊，邓恩铭！为何不开腔了？"

邓恩铭听着声音很耳熟，抬起头来，正好与张苇村四目相对。看着张苇村那得意忘形的神情，不由得十分厌恶。邓恩铭知道无法再隐瞒自己的身份了，就冷冷一笑，说："是！我就是中国共产党党员邓恩铭！"

张苇村凶相毕露地问："你还记得湖北邂逅之事吗？"

原来，1927 年时，邓恩铭在汉口与张苇村不期而遇。当时邓恩铭从大局出发，从维护国共合作的大局出发，没有对曾迫害过自己的张苇村采取行动。

"一切都记得。当初，你犯在我手下，我没杀死你；今天我犯在你手中，没说的，我在鬼门关等你！"邓恩铭回答道[①]。

一天黄昏，狱中的老看守隐隐透露山东省临时军法会审委员会召开特

---

① 《邓恩铭事迹访问调查报告》，存贵州博物馆。

邓恩铭

别会议的消息。这不能不使狱中党员向最坏处想。邓恩铭思绪万千。

夜深之时，他强撑着病体，咳了一阵，写下了最后一封给母亲和家乡亲人的信。多少愤懑，多少感慨，多少无奈，多少希望，多少抱负，凝结成千古诗篇：

卅一年华转瞬间，
壮志未酬奈何天。
不惜唯我身先死，
后继频频慰九泉。

1931 年 4 月 5 日凌晨，济南市公安局长王恺如带着一群军警涌进监狱，将枪口对准每一扇牢门，然后一个个点名提"犯人"。提号的叫声在寂静的凌晨响着："宋占一！纪子瑞！黄伯云……"总共 22 人。当点到郭隆真的名时，郭隆真立即高呼口号，被军警当场开枪打死。

邓恩铭面对死神，毫无惧色。他从容地整了整衣服，与同牢房内的难友们一一辞别，然后挺身走出牢门。邓恩铭和他的战友们一边走一边高呼："中国共产党万岁！""打倒国民党！"高亢的口号声划破了黎明前的黑暗。

当三辆刑车驶上大街时，邓恩铭等 21 人同声唱起了《国际歌》。悲壮的歌声，震撼着黎明前的济南城。

纬八路刑场上，军警密布，枪刺林立。21 位中华民族的优秀儿女，迎着敌人的枪口，昂然挺立，高呼口号……

与邓恩铭同时英勇就义的有：山东省委书记刘谦初、山东临时省委书记吴丽实（卢一之）、山东省委秘书长雷晋笙、刘晓浦、山东临时省委宣传部长党维蓉、青岛市委代理书记陈德金、青岛市委常委孙守诚、济南特别支部书记李敬铨、山东省学生联合会负责人朱霄、青年团山东省委书记刘一梦、青年团山东省委书记宋占一、山东省委工运特派员车锡贵、山东早期工人运动领袖纪子瑞、青年团山东省委执行委员王凤岐、山东曹县早期党员孔庆嘉、山东蓬莱县第一个共产党员赵鸿功、山东早期党员李华亭、山东曹县农民武装暴动领导人任守钧、山东长山县（今属邹平市）早期党员王锡三、潍县县委委员兼县委秘书于清书。

省临时军法会审委员会的布告贴满了济南城。布告称：

照得红匪居心残忍，杀人放火，罪大恶极，若不严行惩处，不足以杜乱萌而靖社会，本委员会奉令组织成立以来，审理红匪宋占一等二十二名，均各供认宣传共产邪说，阴谋暴动，颠覆国民政府不讳，立即处以死刑，以昭炯戒，兹已于四月五日验明正身绑赴刑场，执行枪决，除请山东省政府备案外，合行将各该犯姓名案由开列如后，布告周知……①

在邓恩铭等牺牲的当日夜，中共济南特别支部书记胡萍舟主持召开特支紧急会议。会议决定：（一）立即通知山东省互济总会，派人来收敛安葬烈士遗体；（二）派人抄录《布告》；（三）派人去青岛向山东省委汇报；（四）发表宣言，揭露国民党的罪行。同时决定特支成员亲赴刑场悼念牺牲的战友。

4月6日清明节的傍晚，化了装的济南特支10余名干部和党员在胡萍舟的带领下，自东而西，缓步向纬八路刑场走去。凭借着夕阳的残光，他们清楚地看到21位战友的遗体纵横卧在草地上，流出的鲜血已成赭色。目睹战友的遗容，每个人心中都燃烧起一团熊熊的烈火……

邓恩铭的尸骨被亲属收敛安葬在济南千佛山下的小贵州义地，坟前立小石碑一方，铭文："邓恩铭之墓。"

烈士的鲜血，沃育着大地，浇灌着希望之花。1989年4月5日，在邓恩铭等牺牲58周年之际，济南"四五"烈士纪念碑落成在原纬八路刑场北侧的青年公园内。碑文写着：

---

① 《申报》，1931年4月8日。

公元一千九百三十一年四月五日

一个风雨如晦的日子

为了民族的解放，为了崇高的理想，邓恩铭、刘谦初、吴丽实、郭隆真等一批优秀共产党人

把满腔热血

洒在这片土地上

今天，八十年代的青少年和各界人士

自愿捐资修建了这座纪念碑

说明，人民不会忘记他们

更说明青少年一代

决心走他们未走完的道路

为民族的振兴

为实现共产主义的伟大理想

献出自己的光和热

主要参考书目

1. 习近平：《论中国共产党历史》，中央文献出版社 2021 年版。

2. 中共中央党史和文献研究院编：《毛泽东邓小平江泽民胡锦涛关于中国共产党历史论述摘编》，中央文献出版社 2021 年版。

3. 本书编写组：《中国共产党简史》，人民出版社、中共党史出版社 2021 年版。

4. 中央档案馆：《中共中央文件选集》（1921—1925），中共中央党校出版社 1982 年版。

5. 王健英：《中国共产党组织史资料汇编——领导机构沿革和成员名录》，红旗出版社 1983 年版。

6. 中共中央党校党史教研室资料组：《中国共产党历次重要会议集》（上），上海人民出版社 1982 年版。

7. 中共中央党史资料征集委员会：《共产主义小组》（下），中共党史资料出版社 1987 年版。

8. 中共中央党史研究室：《中国共产党历史》（第一卷），中共党史出版社 2011 年版。

9. 中共中央党史研究室：《中国共产党的九十年》，中共党史出版社、党建读物出版社 2016 年版。

10. 中共党史人物研究会：《中共党史人物传》第二卷，陕西人民出版社 1981 年版。

11. 李新、陈铁健：《伟大的开端》，中国社会科学出版社 1983 年版。

12.《孙中山全集》，中华书局 1986 年版。

13. 山东省档案馆：《山东革命历史档案资料选编》第一辑，山东人民出版社 1981 年版。

14. 中央档案馆、山东档案馆：《山东革命历史文件汇集》。

15. 中共山东省委组织部、中共山东省委党史资料征集研究委员会、山东省档案馆：《中国共产党山东省组织史资料（1921—1987）》，中共党史出版社 1991 年版。

16. 中共山东省委党史研究室：《中共山东党史大事记》，山东大学出版社 1992 年版。

17. 中共山东省委党史资料征集研究委员会：《中共山东省组织发展史概要》，中共党史出版社 1991 年版。

18. 山东省中共党史人物研究会：《山东党史人物传》第一集，山东人民出版社 1987 年版。

19.《山东历史人物辞典》，山东人民出版社 1990 年版。

20. 济南市档案馆、中共济南市委党史委：《济南革命历史档案资料选编》第一辑，济南出版社 1991 年版。

21. 中共济南市委党史资料征集研究委员会：《中共济南党史大事记（1919—1949）》，中共党史出版社 1991 年版。

22. 余世诚、刘明义：《中共山东地方组织创建史》，石油大学出版社 1996 年版。

23. 中共淄博市委党史资料征集研究委员会：《淄博星火》（内部本）。

24. 柏文熙、黄长和：《邓恩铭遗作选》，贵州人民出版社 1990 年版。

25. 黄长和、莫开明：《回忆邓恩铭》，贵州民族出版社 1991 年版。

26. 吕伟俊：《民国山东史》，山东人民出版社 1995 年版。

27. 山东省总工会：《山东工人运动史》，山东人民出版社 1988 年版。

28. 中共山东省委党史资料征集研究委员会：《山东党史资料》。

29. 中共青岛市委党史资料征委会办公室、青岛市档案馆：《青岛党史资料》。

30.《励新》。

31.《向导》。

32.《山东劳动周刊》。

33.《泺源新刊》。

34.《曙光》。

35.《十日》。

36.《申报》。

37.《晨报》。

38.《平民日报》。

39.《新民报》。

40. 上海《民国日报》。

41. 天津《大公报》。

后 记

　　中共一大代表丛书在学习贯彻党的二十大精神，奋力谱写全面建设社会主义现代化国家崭新篇章之际重新出版，具有特别的意义。历史是最好的老师，中国革命历史是最好的营养剂。自 1840 年中国逐步成为半殖民地半封建社会后，许多志士仁人，为民族的独立、人民的解放、国家的富强，苦苦求索，提出了各种主张，实验了各种方案，但都失败了。1921 年 7 月中国共产党的诞生，使长夜中的人们看到了一线曙光，深刻改变了近代以来中华民族发展的方向和进程，深刻改变了中国人民和中华民族的前途和命运。立志于中华民族千秋伟业，已走过百年奋斗历程，团结带领中国人民造就中华文明新的历史辉煌的中国共产党，正处于团结带领全国各族人民全面建成社会主义现代化强国、实现第二个百年奋斗目标，以中国式现代化全面推进中华民族伟大复兴的关键时刻。一切向前走，都不能忘记走过的路，走得再远、走到再光辉的未来，也不能忘记走过的过去，不能忘记为什么出发。当前，全面学习贯彻落实党的二十大精神，更使人们时常联想到在上海和嘉兴南湖召开的党的第一次全国代表大会和创建党的先驱者。出席中共一大的代表，虽然后来走上了不同的道路，最终结局也各不相同，但留给后人的思考都是一样重要的。

　　代表山东早期党组织出席中共一大的邓恩铭，是所有代表中唯一的一位少数民族成员。1931 年，年仅 31 岁风华正茂的邓恩铭将一腔热血洒在齐鲁大地。自 1981 年四十余年来，各级党史、史志部门发掘、整理了大量有关中共山东早期党组织和邓恩铭的新资料。在写作过程中，我们参考了这些资料和其他资料，并吸收了中共党史和山东地方党史研究的最新成果，力求全面准确地反映邓恩铭光辉、短暂的一生及其所蕴含的伟大中国精神。

最后，对本书能够出版、再版的河北人民出版社、中共党史出版社，对书稿提出宝贵意见，为出版做了大量工作的专家学者表示衷心的感谢。

作　者

2024 年 1 月